하루 한 줄,
행복에 물들다

소중한 당신의

하루하루를 응원하며

하루 한 줄,
행복에 물들다

내 인생을 깨울 바로 그 한마디

이윤호 글 ǀ 박진숙 그림

머 리 말

Boys be ambitious!
소년이여, 야망을 가져라.

Of the people, By the people, For the people!
국민의, 국민에 의한, 국민을 위한

Do not ask what your country can do for you.
Ask what you can do for your country!
국가가 여러분에게 무엇을 할 수 있는가를 묻지 말고,
여러분이 국가를 위해 무엇을 할 수 있는가를 물으시오.

중학교 1학년 무렵이었을 것이다. 영어가 조금은 신기하고 재미있게 느껴질 때 영어 실력을 뽐내려고 종종 외우던 영어 명언들이다.
영어에 매력을 느끼고, 책 읽기를 나름 좋아하는 사람으로서 영시나 영어로 된 명문들을 자주 접하고, 그것들을 학생들에게 소개하며 그들이 삶을 살아가면서 도움이 되기를 바라곤 했다. 오늘은 인생의 의미를, 내일은 삶의 가치와 희망을, 그다음 날엔 사랑과 우정 그리고 행복을 전해주고 싶었다. 그들에게 그야말로 먼저 살아온 사람으로서 삶의 지혜를 일깨워주고 싶었다.

'영어도 배우며 삶의 지혜도 얻을 수는 없을까?' 바로 여기서 작은 결실을 향한 꿈이 시작되었다. 영어 원문으로 된 명언을 소개하고 번역하여 영어를 익히는 데 도움을 주고 싶었고, 명언이 주는 저변의 뜻과 의미 그리고 가치를 공유함으로써 더 쉽게 지혜를 자기 것으로 만들 수 있도록 돕고자 했다. 일기를 쓰듯 하루 한 줄, 나를 일깨우고 다독이는 행복을 우리 모두와 함께 나누고 싶다.

2016년 12월
단풍이 아름다운 목멱산 기슭에서

이 윤 호

Contents

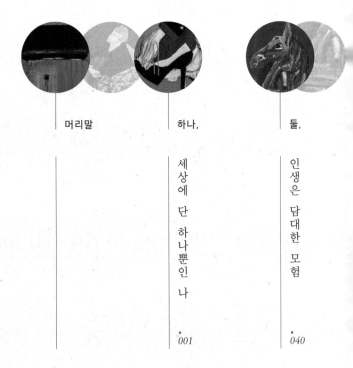

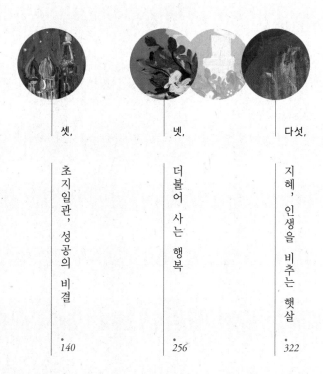

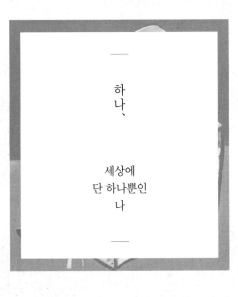

하
나,

세상에
단 하나뿐인
나

큰 도움을 주려면
큰사람이 되어라

Before you can do something,
you must be something.
무언가를 하려면 그 전에 스스로가
그 일을 할 수 있는 사람이 되어야만 한다.

|

요한 볼프강 폰 괴테 Johann Wolfgang von Goethe
바이마르공화국에서 재상을 지낸 독일의 작가, 철학자

누구나 무언가 큰일을 하고 싶은 꿈이 있을 것이다. 흔히 아이
들은 할머니, 할아버지나 부모님이 안 아프시도록 치료해드리
는 것을 꿈꾸곤 한다. 그런데 병을 예방하고 치료하기 위해서
는 먼저 의사가 되어야 하는 법이다.

법률적인 어려움에 처한 사람을 돕기 위해서는 먼저 변호사가
되어야 한다. 의사가 아니고 변호사가 아닌 사람이 법률적, 의
료적 행위를 한다면 불법 의료 행위가 되고 변호사법 위반 행
위가 되고 만다. 큰 도움을 주려면 큰사람이 되어야 한다.

나를 보살피는 것도
내 몫이다

가장 시끄럽게 삐거덕거리는 바퀴에 기름칠을 한다.

|

작자 미상

우리에게도 '우는 아이에게 젖 준다'라는 속담이 있다. 어쩌면 표현하지 않으면 알 수 없음을 뜻하는 말일 것이다. 배가 고프면 고프다, 몸이 아프면 아프다, 하고 표현하지 않으면 누구도 알 수 없는 것이다.

배고프지 않은 사람에게 밥을 주지 않고, 아프지 않은 사람에게 약을 줄 리 만무하지 않은가. 소리 없이 잘 구르는 바퀴에 기름칠을 할 이유가 없는 것도 마찬가지 아닐까.

사람의 개성은
그의 운명이다

The more you like yourself,
the less you are like anyone else, which makes you unique.

자신을 좋아할수록, 다른 사람들과 같은 점이 점점 적어지고,
그것이 바로 자신을 독특하게 하는 것이다.

|

월트 디즈니|Walt Disney
월트 디즈니 놀이공원을 창립한 미국의 기업가, 만화가, 영화제작자

경쟁 사회에서의 주요 덕목 중 하나가 남들과의 차별화라고 한
다. 자신이 뭔가 남들과는 다르다는 것을 보여주는 것이다. 자
신을 사랑하고 존중하지 못하면서 다른 사람을 좋아하고 그래
서 그 사람을 닮고 싶어 한다면, 기껏해야 그 사람의 닮은꼴이
되거나 모방에 지나지 않게 된다.

반대로 자신을 존중하고 좋아하게 되면 남을 닮아갈 필요가
없다. 나만의 것을 찾아서 갖게 되고, 그것이 바로 자신의 개성
이 되는 것이다. 남들에게 없는 나만의 성향이 나와 다른 사람
을 구별해주는 차이이고 경쟁력이 된다.

당신의 선택은
당신이 어떤 사람인지 말해준다

A tree is known by its fruits: a man by his deeds.
A good deed is never lost: he who shows
courtesy reaps friendship,
and he who plants kindness gathers love.

나무는 열매가 말하고, 사람은 행동으로 말한다.
훌륭한 행동은 결코 사라지지 않는다.
예의 바른 사람은 우정을 얻고, 친절한 사람은 사랑을 얻는다.

ㅣ

성 바실Saint Basil
그리스인 주교로 초기 기독교 이단들의 주장을 반박한 유명한 신학자

어쩌면 너무나 평범한 진리인지도 모른다. 당연히 콩 심은 데 콩 나고 팥 심은 데 팥 나는 것이다. 마찬가지로 주는 대로 받는다는 말도 있다. 결국 신사다운 행동, 남을 배려하는 마음, 지혜로운 행동은 결코 묻히지 않고 그대로 자신에게 되돌아오기 마련이다.

멋대로 행동하는 사람, 꼴불견인 사람보다 선행과 아름다운 행동을 하는 사람에게 우정도 사랑도 더 끌리는 것이 당연하지 않을까. 행동이 반듯한 사람치고 나쁜 사람이 어디 있을까.

아프기 전까지는
건강이 얼마나 중요한지 모른다

If I knew I was going to live this long,
I'd have taken better care of myself.
내가 이렇게 오래 살 수 있을 줄 알았다면
나 자신을 더 잘 챙겼을 것이다.

|

미키 맨틀Mickey Mantle
미국 뉴욕 양키스 야구단의 외야수로 최고의 양손 타자

우리 중 대부분은 자신이 살고 싶은 만큼 충분히 오래 살 것이라는 생각, 또는 자만 속에서 삶을 영위한다. 오래전 폐암으로 세상을 하직한 코미디언 이주일 씨나 미국 영화배우 율 브리너도 죽기 전 공익광고에서 뒤늦게 흡연에 대한 후회로 금연을 강조했다.

우리도 이런저런 후회를 한다. 인생이 너무나 짧다고 포기하거나 아직도 남은 삶이 충분하다고 자만한다면 자신의 삶은 피폐해지고, 육신은 병들어 갈 것이다. 평소에 자동차를 자주 닦고, 기름칠하여 잘 관리해야 오래 탈 수 있듯이 수명을 잘 활용하기 위해서는 인생도 미리미리 닦고, 기름칠을 해야 할 것이다.

스스로를 믿지 못하면
세상도 믿어주지 않는다

The greatest trap in our life is
not success, popularity or power but self-rejection.
우리의 삶에서 가장 큰 함정은 성공이나 유명세,
권력이 아니라 스스로를 거부하는 것이다.

|

헨리 나우웬 Henri Nouwen
네덜란드 출신의 미국 카톨릭 사제이자 작가

사람들은 자기도 모르는 새 자신을 헤어나기 힘든 수렁으로
몰아넣곤 한다. 그들 대부분은 성공하지 못하는 것, 인정받지
못하는 것이 가장 큰 좌절이라 여긴다. 연예인들은 인기라고
하는 유명세 때문에 울고 웃으며, 정치인들은 권력을 향한 욕
망으로 부정을 저지르면서 스스로 몰락을 자초하기도 한다.
하지만 그들이 좇는 것들은 신기루와도 같다.
우리에게 가장 큰 좌절은 원하는 걸 얻지 못하거나 실패하는
것이 아니라 자기 자신을 거부하고 부정하는 것이다. 내가 나
를 믿지 못하면 아무것도 할 수 없기 때문이다.

타고난 재능도 계속 쓰지 않으면 퇴화해버린다

When I stand before God at the end of my life,
I would hope that I would not have a single bit of talent left,
and could say, 'I used everything you gave me.'

내 인생의 마지막 순간 하느님 앞에 서게 될 때,
나는 단 한 점의 재능도 남기지 않았으며,
'당신께서 주신 모든 것을 다 썼노라'고 말할 수 있기를 바란다.

에르마 봄벡Erma Bombeck
1900년대 활동한 미국의 희극인, 칼럼니스트이자 작가

12회를 뛰고 경기에 진 권투 선수가 마지막 회의 종이 울렸는데도 힘이 펄펄 남아돈다면 뭐라고 평가해야 할까.
한편 42.195km를 달려야 하는 마라톤 선수가 반환점을 돌 때까지는 전력을 다해 달려 신기록을 세웠지만, 체력이 다 소모되어 중간에 기권하거나 점점 뒤처져서 초라한 성적을 거두는 경우는 어떤가? 당연히 둘 다 잘못된 경우이다. 그중에서도 경기를 마치고도 힘이 남아도는 쪽에 문제가 더 많다. 인생에 있어서도 내가 가진 재능을 다 쓰지 못한다면 재능이 아깝지 않은가.

작은 습관 하나가
지나온 삶을 보여준다

Character develops itself in the stream of life.
인생의 흐름 속에서 성격은 스스로 만들어지는 것이다.

|

요한 볼프강 폰 괴테 Johann Wolfgang von Goethe
독일 바이마르 대공화국 재상을 지낸 작가이자 철학자

한 사람의 성격은 어느 날 갑자기 하늘에서 떨어지는 것이 아니
다. 돌멩이가 바닷물에 씻기고 씻겨서 동글동글한 몽돌이 되
듯이 하나하나가 쌓이고 쌓여 버릇이 되고, 버릇이 습관이 되
며, 습관이 다시 그 사람의 성향과 성격을 만들게 되는 것이다.
인생이 시원하게 흐르는 강물 같다면 그 흐름 속에서 살아온
사람의 성격도 시원스럽고 굴곡이 없을 것이다. 하지만 세찬
물살이 굽이치는 계곡 같은 삶을 살아왔다면 굴곡진 인생만
큼이나 성격도 모가 날 수 있다.

비난을 감수해가며
지키고 싶은 것이 있는가

You have enemies? Good.
That means you've stood up for something,
sometime in your life.

여러분에게 적이 있다면 좋은 일이다.
이는 곧 언젠가, 여러분이 인생에서 어떤 것을
옹호했다는 것을 뜻하기 때문이다.

윈스턴 처칠Winston Churchill
영국의 총리를 지낸 정치인

과연 이 세상에 적이 한 사람도 없는 사람이 있을까? 사람이
살다 보면 크고 작은 의견 대립과 충돌이 벌어질 수 있다. 그때
마다 선택을 강요당하게 되면 누군가에게는 박수를 받지만
다른 누군가로부터는 비난을 받고 적대시 당할 수 있다.

이런 위험에도 굴하지 않고 한번 세운 뜻을 끝까지 지키는 사
람을 우리는 의지가 강한 사람, 주관이 뚜렷한 사람이라고 평
가한다. 우유부단하지 않고 호불호가 분명한 사람일수록 적
을 만들기 쉽지만, 한편으로는 자신의 의지와 주체성이 있는
사람으로 받아들여지기도 한다.

미처 대비하지 못한
시련을 만났을 때

There are things that
we don't want to happen but have to accept,
things we don't want to know but have to learn,
and people we can't live without but have to let go.

세상에는 일어나지 않기를 바라지만 받아들여야만 하는 일,
알고 싶지 않지만 배워야만 하는 것 그리고
그 사람 없이는 살 수 없지만 보내야만 하는 사람이 있다.

|

Team Lycans
페인트볼 팀

살다 보면 어쩔 수 없는 사건과 사고, 또는 지진과 같은 천재지변을 만나는 것처럼, 일어나지 않기를 바라지만 거역할 수 없이 받아들여야 하는 일들이 적지 않다. 이런 일들은 사전에 철저하게 준비하고 대비하는 것이 최선일 것이다.

범죄와 같이 일상생활을 하면서 큰 피해를 보지 않기 위해서는 알고 싶지 않지만 배워야만 예방할 수 있는 것들이 있다. 그 사람 없이는 못살 것 같은 사람도 때로는 운명처럼 보내야만 하는 경우도 생기기 마련이며, 그래서 때로는 이별 연습도 하지 않는가.

자신을 믿고
하고 싶은 대로 살아라

Belief in oneself is one of the most important bricks
in building any successful venture.

자신에 대한 믿음이야말로 한 기업을
성공적으로 구축하는 데 가장 중요한 벽돌이다.

|

리디아 M. 차일드 Lydia M. Child
미국의 여성권리운동가, 소설가이자 언론인

자신에 대한 믿음은 어쩌면 삶의 전제라고도 할 수 있다. 자신을 믿지 못한다면 존재의 가치도, 이유도 없는 것이다. 무슨 일을 하더라도 자신을 믿지 못한다면 결코 해낼 수 없다.

먼저 나는 무엇이든 할 수 있다고 자신을 믿어야 한다. 안 그래도 쉽지 않은 경쟁과 어려움을 헤쳐 나가야 하는데 그런 믿음조차 없다면 심리적으로 더욱 힘들어지고 움츠러들며, 성공을 기대하기 어렵게 된다. 우선은 자신을 믿고 도전하라.

스스로를 존중하면
더 많은 일을 해낼 것이다

A strong, positive self-image is
the best possible preparation for success.

강하고, 긍정적인 자아상이 성공을 위한 최선의 준비이다.

|

조이스 브러더스 Joyce Brothers

미국의 신문에 심리 상담을 게재하는 심리학자

우스갯소리로 흔히 '내가 나를 못 믿으면 누가 나를 믿겠는가'
라고 한다. 그렇다. 내가 나를 믿지 못하는데 다른 누가 나를
믿어주겠는가. 많은 사람이 자신감, 자기 확신 등을 성공의 전
제이거나 필수 조건이라고들 한다.

나는 할 수 있다고 생각하는 사람과 나는 무얼 해도 안 된다고
생각하는 사람이 있다면 누가 성공하겠는가. 나는 무엇이든
할 수 있다는 긍정적 마음가짐을 가지는 것이 성공을 향한 시
작이다.

내가 싫은 것을 남이라고 좋아할까

It is not fair to ask of others what
you are not willing to do yourself.

내가 하고 싶지 않은 것을 남에게 요구하는 것은
공정하지 못하다.

|

엘리너 루스벨트 Eleanor Roosevelt
미국 32대 프랭클린 루스벨트 대통령의 부인

무릇 사람은 누구나 마찬가지이다. 내가 좋은 것은 남도 좋아할 것이고, 내가 싫은 것은 남도 싫어하기 마련일 것이다. 물론 특이한 일이나 특이한 사람이라면 예외적인 경우가 있겠지만 말이다.

그런데 내 배가 부르다고 남의 배도 부르리라 생각하거나 내가 졸리지 않다고 남도 잠을 재우지 않는다면 그것은 시쳇말로 갑질 중의 갑질이다. 세상은 공정해야 한다. 내가 하면 로맨스이고 남이 하면 불륜이라는 생각을 버려야 한다. 공정함은 누구에게나 언제 어디서나 같은 잣대로 잴 때 지켜지는 것이다.

자신을 아는 것이야말로
진정한 인생 공부

Knowing others is wisdom,
knowing yourself is enlightenment.

타인을 아는 것은 지혜이고, 자신을 아는 것은 깨달음이다.

노자老子
중국 춘추시대 노나라의 철학자

고대 그리스의 철학자 소크라테스가 '너 자신을 알라'고 가르쳤던 것을 보면 자기 자신을 아는 것, 즉 나는 누구인가를 제대로 아는 것이야말로 가장 어렵고 중요한 공부가 아닐까. 그러면서도 우리는 타인에 대해서 더 많이 알려 하고 그들을 더 많이 평가하려 한다. 그나마 편견을 가지거나 폄하하지 않고 있는 그대로 보려고 한다면 그것만으로도 지혜로운 일이다. 아집에 빠지기 쉬운 나 자신에 대해 제대로 평가하고 판단하는 것은 일종의 득도와 깨달음에 가까울 정도로 어려운 일이다.

사람이기에
실수하기도 한다

Maturity: apologizing when you are at fault.
Admitting your mistakes and learning
how to not make them again.

성숙이란 자신의 잘못을 사과하고, 실수를 인정하며
다시는 그런 실수를 하지 않는 방법을 배우는 것이다.

|

메리 아리아스Mary Arias
미국의 심리상담사

사람들은 누구나 살아가면서 크고 작은 실수와 잘못을 저지
르기 마련이다. 처음부터 인간은 완벽할 수 없으며, 설사 완벽
하다고 인정받던 사람일지라도 본의 아니게 실수할 때가 있다.
그러나 성숙한 사람이라면 자신의 실수를 인정하고 사과하며
그것을 경험으로 같은 실수를 반복하지 않아야 한다.

그릇이
큰 사람이란?

A man must be big enough to admit his mistakes,
smart enough to profit from them,
and strong enough to correct them.

사람은 자신의 실수를 인정할 정도로 그릇이 크고,
그 실수에서 배움을 얻을 정도로 영리하며,
그 실수를 고칠 만큼 강해야 한다.

|

존 맥스웰 John C. Maxwell
리더십과 관련해 많은 저술을 한 미국의 작가, 전문 연설가이자 목회자

실수를 인정하지 않는다면 실수로부터 아무것도 배우지 못한
다. 게다가 앞으로 같은 실수를 하지 않으리란 보장도 없다. 똑
같은 실수를 반복하지 않으려면 자신의 실수를 과감하고 대범
하게 인정해야 한다. 왜 그 같은 실수를 했는지 생각해보고, 그
원인을 해소함으로써 실수를 고칠 수 있어야 한다.

타인의 실수는
거울이다

From the errors of others, a wise man corrects his own.
현명한 사람은 다른 사람의 실수로부터 자신의 실수를 고친다.

|

푸블릴리우스 시루스Publilius Syrus

고대 로마의 작가

우리에게 전해 오는 지혜로운 속담 중 하나로 '반면교사'와 같은 의미이다. 어리석은 사람은 자신의 실수에 대해서 남을 탓하거나 핑계를 찾고, 더 어리석은 사람은 과거의 실수로부터 아무것도 느끼거나 배우지 못하고 같은 실수를 반복한다.

현명하다면 자신의 실수를 인정하고, 실수의 원인을 찾아서, 그것을 고치게 될 것이다. 더 현명한 사람은 스스로의 실수뿐만 아니라 오히려 다른 사람들의 실수로부터도 배워서 유사한 실수를 애초부터 하지 않거나 자신의 실수를 고치게 된다.

나를 변화시킬 수 있는 건
오직 나뿐

God grant me the serenity to accept
the things I cannot change,
the courage to change the things I can
and the wisdom to know the difference.

신은 내가 바꿀 수 없는 것을 받아들일 수 있는 평온함,
바꿀 수 있는 것은 바꾸는 용기,
그리고 그 차이를 알 수 있는 지혜를 주셨다.

라인홀드 니부어 Reinhold Niebuhr
기독교 신앙을 현대 정치외교에 접목시킨 개신교 신학자

피할 수 없다면 즐기라고 했던가. 나에게 주어진 운명을 바꿀
수 있느냐, 없느냐에 관해서는 이견이 있을지 모르지만, 내 뿌
리를 바꿀 수 없는 것만은 분명하다. 내 힘으로 어찌하지 못하
는 상황을 원망하고, 이를 바꾸기 위해 헛된 수고를 하기보다
는 주어진 그대로를 받아들이는 것이 나을 때도 있다.

하지만 식습관이나 생활 습관처럼 내 마음 먹기에 따라 얼마
든지 바꿀 수 있는 것들은 과감하게 바꿀 수 있어야 한다. 더
나아가서는 바꾸기만 하는 데 그치기보다 바꾸기 전과 후의
차이까지 인지할 수 있다면 가장 지혜로운 모습일 것이다.

실패는 다양하게
그러나 반복되지 않게

Nothing is a waste of time
if you use experience wisely.

경험을 현명하게만 활용한다면
시간의 낭비란 없다.

|

오귀스트 로댕 Auguste Rodin

프랑스의 조각가로 근대 조각의 시조

누군가는 인생이 실험이라고 하고, 또 다른 누군가는 연극이
라고도 한다. 그러면서 성공한 사람은 실패하지 않는 사람이
아니라 실패했을 때마다 다시 일어서는 사람이라고 한다. 여기
에 더해서 현명한 사람이란 실패를 하지 않는 사람이 아니라
같은 실패를 반복하지 않는 사람이라고 한다. 우리가 잘만 활
용한다면 실수와 실패마저도 훌륭한 가르침이 되고, 어쩌면 가
치있는 투자가 될 수 있다.

반성 없는 삶은
로봇과도 같다

The life which is unexamined is not worth living.
반성하지 않는 삶은 살아야 할 가치가 없다.

소크라테스Socrates
공자, 예수, 석가와 함께 4대 성인으로 불리는 고대 그리스의 철학자

누군가가 인생은 실험이라고 했다. 아마도 '실수를 통한 학습' 때문일 것이다. 실수를 할수록 어쩌면 우리는 더 많은 것을 확실하고 분명하게 알고, 느끼고, 터득할 수 있는지 모른다. 흔히들 실수가 때로는 약이 되고, 그런 면에서 '시도와 실수trial and error'도 긍정적으로 평가하는 것이다. 실수가 잦을수록 그만큼 경험도 많아진다. 인생에서 단 한 차례의 실수도 없이 산다면 얼마나 삶이 무미건조할까. 반성 없는 삶은 아마도 같은 일만 반복하는 자동화된 로봇의 일생과도 같을 것이다.

나이가 성숙을
보장하지는 않는다

You are only young once, but you can be immature forever.
인생에서 젊음은 단 한 번이지만 영원히 미성숙할 수도 있다.

|

해나 마크스 Hannah Marks
미국의 여배우

육체적 성숙은 누구에게나 오기 마련이다. 물론 그것도 단 한 번이지 육체적 청춘이 두 번 오지는 않는다. 우리 속담에 '어른은 한 번 되지만 아이는 두 번 된다'라는 말이 있다. 아마 노년에 이르러 쉽게 토라지고 서운해하는 등 점점 아이 같은 모습이 많아지기 때문일 것이다. 젊다고 다 성숙하지 못한 것은 아니듯이 나이가 든다고 다 성숙해지는 것 또한 아니다. 정신적으로 평생 철들지 않는 영원한 미숙아로 남을 수도 있다.

나 자신을
안다는 것

He who lives in harmony with himself lives
in harmony with the universe.

자신과 조화롭게 사는 사람은 우주와도 조화롭게 산다.

|

마르쿠스 아우렐리우스Marcus Aurelius

철인 황제로 알려진 로마제국 16대 황제

인간이 자신을 이해하고, 사랑하며, 자신과 조화를 이루기란 그만큼 어렵다. 우리 인간은 누구나 자신을 객관적으로 보기 어렵고, 그래서 자신을 정확하게 알거나 파악하지 못한다. 소크라테스가 '너 자신을 알라'고 외친 것은 바로 이런 이유에서일 것이다. 남의 눈에 낀 작은 먼지는 잘 보면서 자기 눈에 낀 눈곱도 보지 못한다고 하지 않았는가. 내가 누구인지, 나 자신에게 맞는 말과 행동을 하고, 나를 이해할 수 있다면 아마도 세상 누구와도 조화롭게 살 수 있을 것이다.

넘치는 잔을
무엇으로 채우랴

Perhaps too much of everything is as bad as too little.
무엇이건 너무 많은 것은 너무 적은 것만큼이나 나쁜 것이다.

|

에드나 페버 Edna Ferber
퓰리처상을 받은 미국의 소설가이자 극작가

흔히들 '과유불급過猶不及'이라 하여 지나치면 모자람만 못하다고 한다. 음식도, 배부름도, 욕심도 차라리 조금 부족한 것이 오히려 지나친 것보다 우리의 신체와 정신 건강에 더 바람직하다고 하지 않는가. 놀이도 조금 아쉬울 때 관두는 것이 현명하다. 돈도 너무 적으면 불편할 수 있지만 너무 많으면 오히려 더 불행할 수 있다.

변하는 것과
변하지 않는 것

Your worth consists in what you are and not in what you have.
사람의 가치는 그가 가진 것이 아니라
그가 어떤 사람인가에 달렸다.

|

토머스 앨바 에디슨Thomas Alva Edison
세계에서 가장 많은 발명을 남긴 미국의 발명가이자 사업가

우리는 여러 가지로 사람을 평가하고 판단한다. 돈, 지위, 권력,
학력, 가정, 외모가 대표적일 것이다. 권력이 강한지, 돈이 많은
지, 사회적 지위와 명성이 높은지, 학력이 우수한지, 가정환경
이 대단한지를 두고 사람을 평가하지 않는가. 그러나 이런 모
든 것들은 있다가도 없어지고 없다가도 생길 수 있는 것이다.
오히려 변하지 않는 것이 있다면 그것은 바로 그 사람이 어떤
사람인가, 즉 그 사람의 인품, 성격, 평판 등일 것이다.

생각하는 대로
사물을 본다

If you only have a hammer,
you tend to see every problem as a nail.

만약 당신에게 큰 망치만 있다면
당신은 모든 문제를 못으로만 볼 것이다.

|

에이브러햄 매슬로Abraham Maslow
인간의 욕구단계설을 주장한 미국의 심리학자

미국의 심리학자 대니얼 사이먼스가 쓴 『보이지 않는 고릴라』
라는 책을 보면 사람들이 자신이 보고자 하는 것만 볼 수 있다
는 점을 잘 알 수 있다. 그는 6명의 대학생을 대상으로 한 실험
에서 3명에게는 검은색 유니폼을, 나머지 3명에게는 흰색 유
니폼을 입힌 뒤 서로 농구공을 패스하도록 했다. 그리고 이 장
면을 동영상으로 찍어 또 다른 실험 대상 학생들에게 보여주
면서 흰색 유니폼을 입은 팀이 패스한 수만 세도록 시켰다. 영
상 중간중간에는 고릴라 탈을 쓴 사람이 무대를 왔다 갔다 했
지만 실험에 참여한 사람들 절반이 고릴라를 보지 못했다고
한다. 자신이 보려는 것에만 열중한 나머지 큰 그림을 보지 못
하더라는 것이다.

내 마음의 평온은
왜 무너졌을까

Everything that irritates us about others
can lead us to an understanding of ourselves.

다른 사람이 우리를 화나게 하는 모든 것이
우리로 하여금 자신을 이해하도록 이끌 수 있다.

|

칼 융Carl Jung
스위스의 정신의학자로 분석심리학의 대가

반면교사나 타산지석과 같은 말에서도 알 수 있듯이 인간은 원래 상징적 상호작용을 통하여 무언가를 배운다. 남의 눈에 비친 내 모습을 보고 나를 판단하는 것이다. 사회학습이론에 서는 다른 사람의 행동에 대한 사회의 보상과 처벌이라는 반응에 따라 학습을 하거나 안 하게 된다고 한다. 다른 사람의 성 가신 말과 행동을 보고 자신은 그런 말과 행동을 하지 않도록 주의하거나 그와 같은 경우와 상황에서 자신은 어떤 사람인지를 되새기거나 반추해볼 수 있기 때문일 것이다.

자신감과 오만

With pride, there are many cures.
With humility, there come many blessings.

자긍심은 많은 것을 치료할 수 있고, 겸손은 많은 축복을 내린다.

|

에즈라 태프트 벤슨Ezra Taft Benson
농부이자 종교 지도자로서 미국 농무부 장관을 지냄

자긍심은 글자 그대로 자기 자신에 대해 긍지를 가지는 마음
이다. 자신에 대한 믿음이 그 원천이다. 나의 능력, 주변, 외모
등 모든 것을 믿고 모든 것에 자신감을 가지는 것이다. 자신에
대한 긍정은 어떤 아픔도 어려움도 극복할 수 있게 해 주는 마
법 같은 것이다. 그렇다고 자신감이 지나치게 표출되면 자만과
오만으로 돌변하고 만다. 자긍심, 자신감으로 충만하지만 자
신을 낮출 수 있는 겸손의 미덕을 보인다면 주변의 칭송을 한
몸에 받게 될 것이다.

대인배와 소인배

The gentleman understands righteousness,
the petty man understands interest.

군자는 옳고 그름을 이해하고, 소인배는 이익만 이해한다.

|

공자孔子

고대 중국 춘추시대의 정치가, 사상가, 교육가로서 유교의 시조

현대사회에서 대인배와 소인배를 구별하고 논하는 것이 옳은 지는 분명하지 많지만 여기서 말하고자 하는 것은 아마도 신사의 품위를 강조한 말이지 않나 싶다. 자고로 신사라면 남에게 거짓되지 않고, 바르지 못한 것은 하지 않으며, 남을 해치지 않는 것을 당연시할 것이다. 소인배는 오로지 자기의 이해관계와 이익에만 집착하여 옳은 일이 아닐지라도 이익만 따르겠지만 신사에게는 손익보다는 옳고 그름에 따른 명분이 더 중요하다.

책임이 따르지 않는 자유는
방종이다

But what is liberty without wisdom, and without virtue?
It is the greatest of all evils; for it is folly, vice, and madness,
without tuition or restraint.

지혜가 없는 자유, 미덕이 없는 자유란 무엇인가?
그것은 감독이나 제재도 없는 우매함이요,
부도덕이요, 광기이기 때문에
세상의 모든 악 중에서도 최악이다.

|

에드먼드 버크 Edmund Burke
아일랜드 출신의 영국 정치인, 정치철학자, 연설가

지혜가 없는 자유는 방종과 무책임함을 초래할 수 있고, 미덕이 없는 자유는 지나친 이기심과 개인주의 그리고 무례함을 유발할 수 있다. 개인의 자유가 최우선적 가치라면 그 자유에는 아무런 감시나 제재도 있을 수 없다. 따라서 도덕성은 상실되고, 당연히 나와 내 것만을 위한 광기 어린 사람, 생각, 행동으로 변질되고 말 것이다. 어쩌면 만인의, 만인에 의한, 만인에 대한 투쟁이요, 홉스가 말하는 바다의 괴물 곧 '리바이어던'이 되고 만다.

있는 그대로 바라보는
지혜

I always like to look on the optimistic side of life,
but I am realistic enough to know that
life is a complex matter.

**나는 늘 인생의 낙관적인 면을 보는 것을 좋아하지만,
인생이란 복잡한 문제라는 것을 알 정도로 충분히 현실적이다.**

|

월트 디즈니 Walter Disney
미키 마우스와 도널드 덕으로 유명한 미국의 애니메이션 제작자 겸 감독이자 기업인

비관과 낙관을 비교할 때 흔히들 물이 반쯤 남은 컵을 예로 들곤 한다. 낙관적인 사람은 물이 반이나 남았다고 말하지만 비관적인 사람은 물이 반밖에 안 남았다고 말한다. 기왕이면 비관만 하기보다는 있는 것에 만족하는 편이 더 낫다. 그러나 문제는 지나치게 낙관적일 때이다. 이는 낙관이 아니라 지나친 무사태평이며, 어쩌면 무책임함이기도 하다. 세상은 그렇게 좋은 일과 쉬운 일만 있지 않다. 중요한 것은 지나친 비관도, 지나친 낙관도 아닌, 현실을 있는 그대로, 사실대로 볼 수 있는 현실적 감각을 지니는 것이다.

자기 발에 걸려 넘어지다

Talent is God given, be humble.
Fame is man-given, be grateful.
Conceit is self-given, be careful.

재능은 신이 주신 것이기에 겸손하고,
명성은 사람이 주는 것이기에 감사하며,
자만은 스스로 만든 것이기에 조심하라.

|

존 우든 John Wooden
미국 대학농구의 전설적인 감독

재능은 타고나는 것이기에 당연히 감사할 줄 알아야 하고, 겸손할 줄 모른다면 나무에서 떨어지는 원숭이 꼴이 될 수 있다. 사람들의 칭찬을 당연시하면 버릇없고 건방진 사람으로 낙인찍히고, 어쩌면 헛된 명성에 도취되어 일을 그르칠 수 있다. 감사하고 겸손할 줄 몰라서 빠지게 되는 자만은 글자 그대로 자기 스스로 만든 허울이기에 스스로 헤쳐 나와야 한다. 자만은 자기 파멸의 길이다.

변명은
실수를 돋보이게 할 뿐

I attribute my success to this –
I never gave or took any excuse.

나의 성공은 결코 어떠한 변명도
받거나 하지 않았기에 가능했다.

플로렌스 나이팅게일Florence Nightingale
영국 성공회 성인이며 간호사

핑계 없는 무덤은 없다고 하듯, 사람들은 자신의 잘못이나 실수에 대해 이런저런 이유를 대고 합리화하거나 정당화하려고 한다. 그러나 그런 식의 핑계는 실수로 인한 학습을 방해하게 되고, 결국은 자기 발전에 역행하게 된다. 실수를 수습하기 위해 우리가 가장 먼저 해야 하는 것은 실수했다는 사실을 겸허히 받아들이는 것이다. 그다음에 그 원인을 분석하여 책임질 것은 책임지고, 수정·보완할 것은 함으로써 같은 실수를 반복하지 않도록 해야 한다. 그러면 다음번에는 처음보다 훨씬 더 잘하게 될 것이고, 설사 다시 실수한다 해도 능숙하게 처리할 수 있을 것이다.

두려움은 피하는 것이 아니라
돌파하는 것이다

To conquer fear is the beginning of wisdom.
두려움을 극복하는 것이 지혜의 시작이다.

|

버트런드 러셀Bertrand Russell
노벨문학상을 수상한 영국의 천재 지성인

사람이 무언가를 두려워한다는 것은 아마도 두려움의 대상
에 대한 무지나 불확실성 때문일 것이다. 결국, 두려움에서 자
유롭게 해방되기 위해서는 무지와 불확실성에서 깨어나야 한
다. 지혜로운 사람이라면 얼마간 앞을 보는 혜안이 생기기 마
련이다. 역으로 두려움에 사로잡힌다면 사고와 판단 그리고 언
행에서 지혜로울 수가 없다. 당연히 지혜롭기 위해서는 먼저
이런 두려움에서 해방되거나 두려움을 이길 수 있어야 한다.

하나의 화살로
두 마리 새 맞히기

Please all, and you will please none.
모두를 즐겁게 하려면 아무도 즐겁게 할 수 없다.

|

이솝Aesop
이솝 우화로 유명한 기원전 6세기경의 고대 그리스 사람

세상은 각양각색의 사람들이 모여 사는 그야말로 우주이다. 흔히들 한 사람의 손에 달린 다섯 손가락도 그 크기가 다르다 고 하여 세상 사람들의 다양함과 차이를 지적하지 않는가. 당 연히 사람들은 다양한 사고와 판단을 하기 마련이고 그들의 호불호도 마찬가지일 텐데 어떻게 모두를 만족시킬 수 있을까. 하나의 화살로 두 마리의 새를 맞힐 수는 없지 않은가. 그래서 인간은 항상 이성적 사고와 합리적 판단을 해야 하는 것이다.

약속을
입 밖에 내는 순간

A promise made is a debt unpaid.
약속은 갚지 않은 빚이다.

|

로버트 W. 서비스 Robert W. Service
영국계 캐나다인 시인이자 작가

약속은 지키라고 하는 것이다. 지켜지지 않은 약속은 어쩌면
사기이다. 돈을 빌리면 반드시 갚아야 하고, 갚지 않으면 범죄
자가 되듯이 약속도 했다면 반드시 지켜야 하는 것이다. 지키
지 못한 약속은 빌려 놓고 갚지 않는 돈이나 마찬가지다.
그런 뜻에서 우리는 예부터 입으로 천 냥 빚도 갚지만, 입 때문
에 빚도 지는 것 아닐까. 그래서 약속은 함부로 하는 것이 아니
며, 한번 입 밖에 꺼낸 약속은 반드시 지켜야 하는 것이다.

두려움에는 실체가 없다,
우리가 망상에 사로잡히기 전까지는

Fear is the main source of superstition,
and one of the main sources of cruelty.
To conquer fear is the beginning of wisdom.

두려움이 미신의 주요 근원이며,
잔인성의 주요 근원 중 하나이다.
두려움을 정복하는 것이 지혜의 시작이다.

|

버트런드 러셀Bertrand Russell
노벨문학상을 수상한 영국의 수학자, 철학자, 사회비평가

선거를 앞둔 유력 정치인들이나 새로운 투자처를 모색 중인 기업인들이 점집을 찾는 것은 이미 익숙한 광경이다. 하지만 미신을 믿는 것이 긍정적인 미래를 기대하는 데 그치지 않고 부정적인 마음과 결합하게 되면 종종 무서운 일이 벌어진다. 누군가가 나를 해칠지도 모른다거나 아무도 믿을 수 없다는 두려움 때문에 상대방을 해치려 하게 되는 것이다. 지혜로운 사람이 지혜로운 삶을 추구하고 영위하려면 당연히 과장된 두려움을 극복하고 두려움으로부터 해방되거나 자유로워져야 한다.

당신의 인품은
얼마입니까?

Money and success don't change people.
They merely amplify what is already there.

돈과 성공이 사람을 바꾸지는 않는다.
단순히 이미 존재하는 바를 증폭시킬 따름이다.

|

윌 스미스Will Smith
그래미상을 4번이나 수상한 미국의 유명 배우이자 힙합 가수

돈이 많아지거나 사회적으로 큰 성공을 이룬다고 사람 자체
가 바뀌지는 않는다. 시쳇말로 '원판 불변'이라고 하는 것처럼
말이다. 돈과 성공이 그 사람의 지혜, 사람 됨됨이, 인품까지 성
공시키지는 못한다는 것이다. 다만 돈이 많아지고 사회적으로
큰 성공을 이루면 다른 사람에 비해 더 잘 먹고, 더 편하게 살
고, 더 즐기는 등 일상인 것들을 좀 더 풍족하고, 여유롭게 바
꾸어줄 따름이라는 것이다. 그래서 흔히들 돈이 인생의 전부
가 아니며, 돈이 있으면 좀 더 편리하고 없으면 좀 더 불편할 뿐
이라고 하지 않는가.

걱정은
걱정을 낳고…

Worrying is like a rocking chair;
it gives you something to do, but doesn't get you anywhere.

걱정하는 것은 마치 흔들의자와 같아서, 의자를 흔드는 것처럼
무언가 할 일은 주지만 우리를 어디로도 데려다주지는 못한다.

밴 와일더 Van Wilder
영화 『엽기 캠퍼스』의 주인공

흔들의자는 앉아서 흔들어야 제 기능을 하는 것이다. 그러나
아무리 열심히 흔들어도 제자리에서만 왔다 갔다 할 뿐이다.
마찬가지로 걱정이란 것도 이것저것 고민만 하게 하지 결코 지
난 일을 되돌리거나 다가올 미래를 바꾸지 못한다. 흔들의자
를 아무리 흔들어도 아무 데도 갈 수 없는 것처럼 걱정한다고
달라질 것은 아무것도 없다. 걱정은 또 다른 걱정만을 낳을 따
름이다.

039

나의 말이 누군가의 인생을
바꿀 수도 있다

Think twice before you speak,
because your words and influences will plant the seed
of either success or failure in the mind of another.

우리의 말과 영향력은 다른 사람의 마음에
실패나 성공의 씨앗을 심기 때문에 말하기 전에 두 번 생각하라.

|

나폴레온 힐Napoleon Hill
미국의 세계적인 성공학 연구자

말 한 마디로 천 냥 빚도 갚을 수 있는 반면에, 장난삼아 던진 돌에 개구리는 머리가 깨질 수 있다. 또 한편에서는 칭찬은 코끼리도 춤추게 한다고도 하며, 반대로 집에서 새는 바가지는 나가서도 새고, 집에서 욕먹는 개는 나가서도 욕먹는다고 한다. 이처럼 내 말 한마디가 누구에게는 비수가 될 수도 있고, 힘의 원동력이 될 수도 있으며, 나가서는 한 사람의 인생을 좌우하기까지 한다. 비록 말 한마디에 불과하지만 누군가의 인생을 바꿀 수도 있다면 신중에 신중을 기해야 할 것이다.

하나,

세상에 단 하나뿐인 나

둘,

인생은
담대한 모험

순간순간이
실전이다

All life is the experiment.
The more experiments you make, the better.
모든 인생은 실험이다. 더 많은 실험을 하면 할수록
그만큼 인생은 더 좋아진다.

|

랄프 왈도 에머슨Ralph Waldo Emerson
미국의 시인, 수필가이자 사상가

누군가 인생은 연습이 없다고 했다. 어쩌면 인생은 연습이 아
니라 하루하루, 순간순간이 경기 자체일지 모른다. 경기 결과
를 놓고 경기 내용을 분석하고 되짚어보고, 속기하여 다음 경
기를 더 잘하려고 노력한다. 다양한 실험과 경험을 통하여 내
일은 더 나은 경기, 더 나은 삶을 실험할 수 있을 것이다.

오늘이 쌓여
미래가 된다

The best way to predict the future is to invent it.
미래를 예측하는 가장 좋은 방법은 미래를 발명하는 것이다.

|

앨런 케이Alan Kay
미국의 전산학자로 사용자 인터페이스 분야의 선구자

누구나 자신의 미래를 궁금해하지 않을 수 없다. 10년, 20년 후 나는 어디서 무엇을 할 것인가? 그래서 21세기 첨단 과학시대임에도 미래에 대한 호기심과 기대감 또는 걱정으로 인하여 기복신앙과 예언, 예측 관련 상술이 기승을 부리고 있다. 그런 허무맹랑한 것에 기대어 정작 우리 힘으로 바꿀 수 있는 일조차 소홀히 한다면 우리 자신을 무기력하게 만들 뿐이다. 미래는 오늘 뿌린 씨앗이 가져다주는 수확이다. 자신의 미래는 결국 스스로 만드는 것이다.

다시 돌아오지 않을 이 순간을
어떻게 보내고 있는가?

The wisdom is the power to put our time
and our energy to the proper use.

지혜란 우리의 시간과 에너지를 적절하게 활용하는 힘이다.

|

토머스 J. 왓슨Thomas J. Watson
IBM의 최고경영자와 회장을 지낸 미국의 기업인

우리에게는 시간이 무한하지도 않고, 비록 시간이 있더라도
사용할 수 있는 에너지가 무한하지 않다. 인생의 승패는 결국
누가 그 제한된 시간과 에너지를 제대로 활용하는가에 달린
것이다. 이 제한된 시간과 에너지를 때와 장소에 맞게, 시의적
절하게 그것도 효율적으로 사용하는 것이 바로 인생의 지혜이
다. 무엇에든 시간과 에너지를 지나치게 쓰지 않거나 지나치게
많이 쓴다면 결코 지혜롭다 할 수 없다.

삶이라는 공부에서 우리는 언제나, 누구나 학생이다

Better be wise by the misfortune of others than by your own.
자신의 불행보다 타인의 불행으로 현명해져라.

|

이솝Aesop
이솝우화로 알려진 기원전 6세기경의 그리스인

'타산지석' 또는 '반면교사'라는 가르침이 있다. 해석하자면 다른 사람의 행동을 거울로 삼아 나 역시 같은 잘못을 하지 않도록 학습한다는 뜻이다. 인간은 원래 합리적인 동물이라서 다른 사람의 행동에 대한 사회의 반응, 즉 보상과 처벌에 따라 학습하거나 학습하지 않으며, 이를 행동으로 옮기거나 옮기지 않는 선택을 한다는 주장이 바로 고전적 공리주의의 철학이기도 하다. 물론 경험보다 더 좋은 선생님은 없다고 하지만 때로는 비싼 비용과 대가를 치루기보다는 다른 사람의 경험을 자신의 것으로 삼아 바르게 생각하고 행동하는 것이 현명하지 않을까.

다양한 삶의 가능성을
탐구해보자

Wisdom and penetration are the fruit of experiences,
not the lessons of retirement and leisure.
Great necessities call out great virtue.

지혜와 통찰은 경험의 산물이지,
은둔과 여가로부터의 학습이 아니다.
위대한 필요성이 위대한 미덕을 불러내는 것이다.

|

애비게일 애덤스 Abigail Adams
미국 부통령과 대통령을 지낸 존 애덤스(John Adams)의 부인

성공은 절박함에서 온다고 한다. 무언가 반드시 하지 않으면
안 되거나, 꼭 하고 싶은 절박한 마음이 있어야 혼신을 다하게
되고 그래야 뜻한 바를 이룰 수 있다는 것이다. 한편으로는 목
마른 사람이 샘을 판다고도 하지 않던가. 목이 마르지 않으면
굳이 샘을 팔 필요가 없기 때문이다. 누군가 인생은 모두가 실
험이라고 했다. 지혜는 바로 그런 실험, 즉 경험의 결과로 얻어
지는 것이다.

실수를 수습하면서
더 많이 배운다

To make no mistakes is not in the power of man;
but from their errors and mistakes the wise and
good learn wisdom for the future.

실수하지 않는 것은 인간의 권한에 속하지 않는다.
그러나 현명하고 훌륭한 사람은 자신의 실수와 잘못으로부터
미래를 위한 지혜를 배운다.

|

플루타르크Plutarch

『플루타르코스 영웅전』의 저자로 알려진 고대 그리스의 철학자이자 정치가, 작가

사람은 누구나 실수할 수 있다. 어쩌면 실수하지 않는 것은 사람의 영역이 아니라 신의 경지일지 모른다. 문제는 실수를 하고 안 하고가 아니라 실수를 한 이후이다. 사람들이 필요 이상의 실수, 또는 하지 않아도 될 실수까지 하는 것도 문제지만, 그 실수를 반복해서 한다는 점이 더 큰 문제이다. 결국 실수를 수습하는 방법에서 평범한 사람과 뛰어난 사람의 차이를 볼 수 있는 것이다. 현명한 사람은 같은 실수를 반복하지 않는다. 오히려 실수를 더 나은 미래를 여는 발판으로 삼는다.

시각을 바꾸면
시야가 달라진다

Since we cannot change reality,
let us change the eyes which see reality.
우리가 현실을 바꿀 수는 없는 것이기에
현실을 보는 눈을 바꾸자.

|

니코스 카잔차키스 Nikos Kazantzakis
현대 그리스 문학을 대표하는 소설가이자 시인

우리에게 펼쳐지는 현실은 대부분 우리의 의지와는 상관이 없는 경우가 많다. 타의에 의해서 또는 내가 통제할 수 없는 무언가에 의하여 만들어지고 나타나는 현실을 바꿀 수 없다면, 우리가 할 수 있는 유일한 것은 그 현실에 나를 맞추고 적응하는 것이다.

현실에 나를 적응시키기 위해서는 현실을 지금과는 다르게 바라보아야 한다. 세상을 보는 시각을 바꾸어야 하는 것이다. 같은 현실이라도 보는 시각에 따라 전혀 다르게 보이는 것이다. 반쯤 찬 물잔을 누구는 반밖에 없다고 하고, 누구는 반이나 남았다고 하는 것처럼 말이다.

세파에도 목적지를 향해 나아가는 유연함을 지녀라

I can't change the direction of the wind,
but I can adjust my sails to always reach my destination.

바람의 방향을 바꿀 수는 없지만,
항상 목적지에 도달할 수 있도록 항해를 조정할 수는 있다.

|

지미 딘 Jimmy Dean
미국 컨트리 음악 가수, 배우, 방송인

바람이 어딘가에서 불어와 어디로 불어가는지는 자연의 섭리이지 인간의 일이 아니다. 바람이 불지 않게 하거나 이쪽으로 부는 바람을 저쪽으로 불게 할 수는 없는 것이다. 그렇다면 남은 선택은 항해하지 않거나 바람이 부는 방향에 맞게 항해하는 것이다.

바람의 세기와 방향에 맞게 내가 탄 배의 돛을 조정함으로 바람의 방향을 조정할 수는 없더라도, 내가 가고자 하는 방향과 목적지로 나아갈 수 있는 것이다. 대부분의 인간사 역시 이와 마찬가지일 것이다. 내가 처한 여건만 탓할 것이 아니라 그 여건에 적응하는 것이 필요하다.

동 트기 전이
가장 어둡다

It is during our darkest moments
that we must focus to see the light.

빛을 보기 위해 집중해야 하는 때는
바로 가장 어두운 순간들이다.

|

아리스토텔레스 오나시스Aristotle Onassis
그리스의 선박 왕으로 케네디 대통령의 전 부인 재클린과의 결혼으로 유명

흔히 요즘 하늘에는 은하계가 보이지 않는다고 한다. 은하계
가 없어진 것이 아니라 지구의 불빛이 너무 밝아서 보이지 않기
때문이다. 과거 은하수가 그렇게 밝고 아름답게 빛났던 것은
바로 어둠 속에서 빛을 발하였기 때문이다.
우리의 삶에서도 이런 경우가 많이 있다. 어려움 속에서 찾은
소소한 행복이 더 크고 더 값진 것 같고, 땀 흘린 후에 마시는
물이 더 시원하고 맛있다. 이처럼 어둠 속에 밝히는 불빛이 더
밝고 빛난다.

미래는
꿈꾸는 사람의 것

The future belongs to those who
believe in the beauty of their dreams.
미래는 자신의 꿈이 아름답다는 것을 믿는 사람의 몫이다.

시어도어 루스벨트 Theodore Roosevelt
미국의 정치인이자 작가로 제 16대 대통령과 25대 부통령

미래는 두 가지 관점에서 바라볼 필요가 있다. 우선은 미래를
믿는 것이고, 그 다음은 다가올 그 미래를 준비하는 것이다. 기
다리기만 하면 그냥 다가오는 것은 미래가 아니라 시간일 뿐이
다. 미래는 오늘보다 나아야 하며, 그래서 미래는 희망적인 꿈
이어야 한다.

그렇다고 꿈은 꾸기만 하는 것이 아니라 실현하는 것이다. 꿈
은 이루어질 수 있다고 믿고, 그 꿈을 이루기 위하여 오늘 최선
을 다하는 사람에게 진정한 미래는 오는 것이다. 미래는 꿈꾸
는 사람, 꿈을 실현하려는 사람의 것이다.

뜻을 세웠다면
누가 뭐래도 내 길을 가라

Set your course by the stars,
not by the lights of every passing ship.

지나가는 모든 배들의 불빛이 아니라
별을 보고 항로를 설정하라.

|

오마 브래들리 Omar Bradley
미국 최후의 5성 장군으로 미국 합동참모부의 초대 의장

망망대해를 항해하는 배라면 당연히 하늘의 별빛을 보고 자신의 항로를 정할 것이다. 북두칠성을 보고 북쪽이 어디인가 확인하는 것처럼 별빛에 자신의 항로를 맞춰야 자신의 목적지에 정확하게 도착하는 것이지, 지나치는 다른 배들의 불빛을 따라 항로를 정한다면 자신의 목적지가 아니라 다른 배들의 목적지로 따라가고 말 것이다. 인생도 크게 다르지 않다. 주위 사람들을 따라 뒤를 좇아 친구 따라 강남을 간다면, 결국 내가 가야 할 곳에 다다르지 못하고 만다.

위험을 감수해야
얼마나 멀리 갈 수 있는지 알 수 있다

Progress always involves risk.
You can't steal second base and keep your foot on first.
전진은 항상 위험을 내포하고 있다.
1루에 발을 딛고 2루를 훔칠 수는 없다.

|

로버트 퀼른Robert Quillen
미국의 언론인, 유머작가

야구에는 도루라는 것이 있다. 글자 그대로 루base를 훔치는 것이다. 안타나 밀어내기로 한 루를 나아가는 것이 정석이지만 타자의 도움 없이 스스로 1루에서 2루, 2루에서 3루를 훔치는 것이다. 안타나 밀어내기도 없이 진루하는 데는 당연히 위험이 도사리고 있다. 성공적으로 훔치지 못하면 '태그아웃', 죽고 마는 것이다.

우리 인생도 이처럼 일정 부분의 위험 부담이나 비용 부담을 감수해야 할 때가 많다. 그래서 누군가는 지나치게 합리적인 사람보다는 오히려 비합리적, 비이성적irrational인 사람이 큰 진전을 이룬다고 주장한 바도 있다.

인생을 바꾸는
중요한 선택들

You only have to do a very few things right in your life
so long as you don't do too many things wrong.

우리의 인생에서 지나치게 많은 것을 잘못하지 않는 한
아주 몇 가지만 바르게 하면 된다.

워런 버핏Warren Buffett
미국의 기업가이자 투자자

평범한 사람과 비범한 사람을 막론하고 우리는 알게 모르게 크고 작은 잘못을 하게 마련이다. 언제, 어디서나, 무엇이건 다 잘할 수는 없는 것이기에 잘못을 최소한으로 줄이는 데 만족해야 할지 모르지만 우리 인생에서 중요한 몇 가지 결정과 선택을 바르게 한다면 그것으로도 우리 인생은 성공이라고 할 수 있다. 배우자 선택, 직업 선택, 목표의 설정과 성취, 종교, 교우관계를 비롯한 각종 인간관계, 친절과 배려 등이 아마도 그런 몇 가지 중요한 것들일 테고, 우리가 정말로 잘해야 할 것들이다.

흘러가는 시간은
저축할 수 없다

Life is ours to be spent, not to be saved.

인생은 아껴야 할 것들이 아니라 우리가 소비해야할 것들이다.

|

데이비드 허버트 로렌스 David Herbert Lawrence

영국의 시인, 소설가이자 문학평론가

우리네 인생은 사용하면 할수록 계속 쏟아져 나오는 샘물이 아니라, 사용하지 않으면 바다로 흘러가 버리는 강물이다. 샘물이라면 사용하지 않아도 고여 있어서 다음에 언제라도 꺼내 쓸 수 있겠지만, 강물은 한번 흘려 버리면 다시 퍼 담을 수 없게 된다. 인생도 이와 마찬가지다.

우리에게 주어진 시간도 우리를 기다려 주거나 언제나 필요할 때면 퍼다 쓸 수 있는 샘물 같은 것이 아니다. 물통에 물을 받아 저장하듯 인생의 시간을 저축할 수도 없다. 한번 지나간 시간은 다시 돌아오지 않는다. 지금 이 순간을 한 점 남김없이 활용하라.

산다는 것은 원래
녹록지 않다

Life is one long process of getting tired.
인생이란 지쳐가는 하나의 긴 여정이다.

|

새뮤얼 버틀러Samuel Butler
영국의 소설가, 사상가이자 시인

인생은 황금기를 지나며 서서히 시들어가는 긴 여정이다. 세속의 나이가 쌓여가는 만큼 인생의 무게도 그만큼 더 무거워지기 마련이다. 반복되는 일상에서 지치고, 그 일상이 점점 더 힘들어져서 더 지치고, 지친 몸과 마음에 또 더해지는 새로운 일들의 무게 또한 가볍지 않다.

어릴 때는 공부만 잘하면 되었는데 성인이 되면서 이제는 일도 가족도 책임져야 하는 이중의 무게를 견뎌야 하고, 장년이 되면서는 가족과 단순히 시키는 일 외의 일까지 책임져야 하는 등 무게가 더해진다. 점점 하루하루 더 지치기 전에 최고의 삶을 살아야 하는 이유이다.

지나고 나면
비로소 깨닫는 것들

Life can only be understood backwards;
but it must be lived forwards.

인생이란 앞을 향해 살지만, 뒤를 향할 때만 이해할 수 있다.

쇠렌 키르케고르 Soren Kierkegaard
실존주의의 선구자로 평가받는 19세기 덴마크의 철학자이자 신학자

살아보지 않은 인생은 어떤 인생일지 누구도 알 수 없다. 인생이란 철길이나 고속도로처럼 미리 정해진 길을 따라 걷는 것이 아니기 때문이다. 어디서 왔는지는 알지만 어디로 갈지는 알 수가 없다. 마치 딱히 정해진 길이 없는 바다를 항해하는 배에 가깝다.

우리는 스스로 인생이란 배를 운항한다. 따라서 인생은 지나고 나서야 비로소 그 길이 옳았는지 힘들었는지 이헤히기나 평가할 수 있는 것이다. 그러나 지나온 인생을 거울삼아 앞으로의 인생행로를 헤쳐 나가야 한다. 이것이 인생의 묘미이다. 이미 결정된 길이 아니라 내 자유의지의 길!

얼마나 살아왔는가
혹은 어떻게 살아왔는가

It is not the years in your life,
but the life in your years that counts.

중요한 것은 내가 살아온 삶의 세월이 아니라
내가 살아온 세월 속의 삶이다.

|

애들레이 스티븐슨Adlai Stevenson
미국 대통령선거에서 아이젠하워 대통령에게 두 번이나 패배한 정치인

삶에서 중요한 것은 내가 살아온 시간의 길이가 아니라 그 시간 속의 내 모습이다. 그 시간 속 삶의 깊이와 넓이가 중요한 것이지 그 시간의 길이는 그리 중요하지 않다는 것이다. 백 년을 살아도 제대로 인간답게 살지 못했다면 무슨 소용이 있으며, 반대로 백 년의 반밖에 살지 못했을지라도 그 삶의 궤적이 자랑스러운 것이라면 충분히 성공적인 삶이었다고 평가할 수 있지 않을까. 내가 삶을 얼마나 살았는가보다는 어떤 삶을 살았는가가 우리가 비교하고 평가해야할 잣대여야 한다.

사소한 것에
목숨 걸지 마라

The greatest mistake you can make in life is to be continually
fearing that you will make one.

인생을 살면서 할 수 있는 가장 큰 실수는
계속해서 실수할 것이라고 두려워하는 것이다.

아일랜드의 기도문

실수를 두려워한다면 아무것도 할 수 없다. 살다 보면 누구나
이런저런 실수를 하기 마련이다. 어쩌면 당연한 일이다. 그래서
혹자는 인생을 실험이라고 하지 않았던가. 실수가 두려워 아
무것도 하지 않는다면 한 발짝도 앞으로 나아갈 수 없다. 실험
을 많이 할수록 더 많은 경험이 되고 학습은 경험을 통한 것이
최고라고 한다. 지나간 실수들이 사실은 일보 전진인 것이다.

좋은 인생은
충분히 길다

You only live once, but if you work it right, one is enough.
인생은 한 번뿐이나 제대로만 산다면 한 번으로도 충분하다.

|

조 E. 루이스 Joe E. Lewis
미국의 코미디언이자 가수

불교에서는 환생을 이야기하고, 전생과 내세도 말하고 있지만
적어도 현세에서 우리는 모두 단 한 번의 삶을 살 뿐이다. 두 번
의 생을 사는 사람은 없다. 그래서 오래 산 사람도 생을 마감하
는 것을 아쉬워하고, 충분히 오래 살지 못하는 사람에게는 운
명이 야속하기까지 할 것이다. 그래서 흔히들 인생은 한 번뿐
이므로 최선을 다하여 후회 없이 살아야 한다고 강조한다. 진
정으로 후회할 일 없이 나에게 주어진 삶의 시간을 온전히 만
족스럽게 살았다면, 그래서 내 생애에 만족한다면 한 번뿐인
인생이라도 충분하겠지만, 제대로 살지 않는다면 두 번의 생애
인들 만족스럽고 충분할 리 없을 것이다.

카드를 버릴 것인가
말 것인가

Life is like a game of cards.
The hand that is dealt you represents determinism;
the way you play it is free will.

인생은 마치 카드놀이와도 같다.
우리에게 주어지는 카드는 결정론이나
그 카드로 노는 것은 자유의지이다.

자와할랄 네루 Jawaharlal Nehru
인도의 초대 총리를 지낸 인도 독립운동가이자 정치인

우리의 인생은 처음 태어날 때 내 의지나 선택과는 아무런 관계도 없이 이미 결정된다. 마치 카드놀이를 할 때 내가 카드 패를 선택하는 것이 아니라 나에게 주어진 패를 쥐는 것과 마찬가지이다. 그러나 인생도 카드놀이도 처음 카드 패를 받을 때와 태어날 때는 결정되는 것이지만 그다음부터 카드를 어떻게 사용하는가와 인생을 어떻게 사는가는 순전히 내 자유의지와 선택의 몫이다.

카드 패를 무작위로 돌리기에서 시작하지만 어떤 카드를 언제 내놓을 것인지, 카드를 버릴지 말지는 나의 선택이다. 인생이라는 카드를 버리거나 소중히 지키는 것도 온전히 자신의 자유의지에 달렸다.

자신이 좋아하고,
가치 있다고 생각하는 일을 하라

Life comes from physical survival;
but the good life comes from what we care about.

삶이란 육체적 생존으로부터 시작되지만,
좋은 삶이란 우리가 관심을 가지는 데서 온다.

|

롤로 메이Rollo May

『사랑과 의지』, 『창조와 용기』를 쓴 미국의 실존주의 철학자

에이브러햄 매슬로우는 인간의 욕구 단계에서 가장 기본 단계는 생리적 욕구이며, 가장 높은 단계는 자기실현의 욕구라고 하였다. 여기서도 인간의 가장 기본적 욕구는 곧 생존이라는 것을 엿볼 수 있으며, 반대로 가장 높은 수준의 욕구인 자기실현은 자기계발과 발전을 의미한다고 할 수 있다. 자기발전은 곧 자신이 하고 싶고 좋아하는 일을 하는 데서 시작되며, 내가 좋아하는 일이 바로 내가 관심을 가지는 일인 것이다. 좋은 삶은 곧 삶의 질이 높은 것이고, 삶의 질을 높이는 것은 좋아하는 일을 하는 데서 시작된다.

아쉬움이 우리를
아프게 할 때

The tragedy of life is not so much what men suffer,
but rather what they miss.

인생의 비극은 사람들이 받는 고통보다는
사람들이 놓치는 아쉬움에 있다.

|

토머스 칼라일Tomas Carlyle
이상주의적 사회 개혁을 외친 영국의 평론가이자 역사가

우리의 인생은 기쁨, 즐거움, 노여움 그리고 고통으로 이루어
진다. 항상 희극적인 것만도 아니고 그렇다고 항상 비극적인 것
만도 아닌 것이다. 흔히들 인생의 비극을 늙고, 병들고, 죽는
육체적 고통과 그에 따르는 정신적 고통에서 찾고 있지만 사실
고통보다 더한 비극은 따로 있다. 그것은 바로 아쉬움이다.
만나고 싶은 사람과 기회를 만나지 못해서, 무언가를 하고 싶었
지만 하지 못해서, 꿈을 꾸었지만 이루지 못해서 더 슬픈 것이
다. 몸과 마음의 고통은 언젠가는 사라지지만, 기회를 놓치거
나 바라던 일을 하지 못한 아쉬움은 되돌릴 수 없기 때문이다.

그 무엇에도 불만이 없는
광기에 대해

Too much sanity may be madness.
And madest of all, to see life as it is and not as it should be.

지나친 온전함은 광기일 수 있으며,
가장 광기 어린 것은 인생을 그래야만 하는 것이 아니라
있는 그대로 보는 것이다.

미구엘 드 세르반테스 Miguel de Cervantes
『돈키호테』를 쓴 스페인의 소설가이자 극작가

흔히들 지나치게 완벽함을 추구하는 사람을 결벽증 환자라고
한다. 이처럼 지나치게 완벽하거나 온전하거나 깔끔함을 고집
하는 것은 어쩌면 광기일지 모른다. 하지만 이보다 더 무서운
광기는 인생을 자신이 살아가며 만들어 가는 것, 즉 반드시 그
래야만 하는 것으로 보지 않고 주어지는 대로만 보는 것이다.
이는 너무나 수동적이다 못해 운명론적이기까지 하다.
인생은 주어진 그대로 받아들여야만 하는 것이 아니라, 마치
어떤 형태를 조각하거나 도자기를 빚는 것처럼 스스로 만들
어 가는 것이다.

한 가지 일을 경험하지 않으면
한 가지 지혜가 자라지 못한다

I don't want to get to the end of my life and find
that I lived just the length of it.
I want to have lived the width of it as well.

인생의 종착역에 도달하여,
단지 살아온 삶의 길이만 알고 싶지는 않다.
인생의 길이뿐만 아니라 길이만큼 넓은 삶을 살았기를 바란다.

|

다이앤 애커먼Diane Ackerman
퓰리처상을 수상한 미국의 여류 시인이자 수필가

인생의 마지막 순간에 내가 얼마나 오래 살았는지, 살아온 시
간의 길이만 놓고 오래 살았다거나 짧은 인생이었다거나 평하
는 것은 큰 의미가 없을지도 모른다. 물론 누구나 짧은 생보다
야 긴 생을 살기를 바라겠지만 오래 산다는 것이 능사가 아니
다. 좁은 길만 오래도록 달려온 단조로운 인생보다는 인생의
길이뿐만 아니라 다양한 삶의 궤적을 그린, 폭넓은 경험을 한
인생이 더 의미 있지 않을까.

인생이라는 그림을 그리는
화가처럼

Life is the art of drawing sufficient conclusions
from insufficient promises.
인생이란 충분하지 않은 약속에서
충분한 결론을 끌어내는 기술이다.

|

새뮤얼 버틀러Samuel Butler
19세기 영국의 소설가이자 사상가

우리는 누구도 태어날 때부터 무엇이 되고, 무엇을 할 것이란
약속을 하고 태어나지 않는다. 다만 자신이 무엇을 어떻게 하
는가에 따라 인생이 달라질 수 있다는 아주 작은 희망 섞인 약
속만 있을 뿐이다. 그 작은 약속만을 믿고 우리는 많은 그림을
그리고, 그 그림을 완성하기 위해 숱한 시도와 엄청난 노력을
경주하는 것이다. 그 과정에서 우리는 '노력하면 안 되는 것이
없다'거나 '인생은 자기 하기 나름'이라거나, '실패는 성공의 어
머니'라는 등의 분명한 결론을 깨닫게 되며, 이것이 바로 인생
이라는 예술이다.

자동차 점검은
차가 잘 달릴 때 하는 것

It is the neglect of timely repair
that makes rebuilding necessary.

재건축을 해야 하는 것은 시의적절한 수리를 게을리 한 탓이다.

|

리처드 와틀리 Richard Whately
18~19세기 영국의 신학자, 논리학자, 경제학자

우리 속담에 '호미로 막을 것을 가래로도 못 막는다'라는 말이 있다. 또는 어려운 한자어로 '유비무환有備無患' 즉 사전에 대비하면 어려움이 없다고도 한다. 호미로 막으면 되는데도 막지 않는 것은 아마도 '설마 큰일이야 나겠어', '금방 괜찮아지거나 없어지겠지' 하는 요행과 불감증 또는 무감각이나 무신경이 빚은 결과이다. 마치 자동차를 오래 타는 사람들처럼 항상 관리하고 적절한 시기에 수리한다면 큰 이상 없이 잘 탈 수 있지만, 평소 관리하지 않고 제때 수리하지 않으면 폐차를 해야 하는 것처럼 말이다.

행운은 물레방아처럼
돌고 돈다

Remember, no human condition is ever permanent.
Then you will not be overjoyed in good fortune nor
too scornful in misfortune.

인간의 조건이 결코 영원하지 않다는 것을 기억한다면,
행운을 만났을 때 지나치게 즐기지 않고,
불운을 만났을 때 지나치게 경멸적일 필요가 없다.

|

소크라테스Socrates
예수, 석가, 공자와 함께 세계 4대 성인으로 불리는 고대 그리스의 철학자

삶의 조건이나 환경이 전혀 변하지 않고 영원불멸일 수는 없다.
경기가 좋을 때도 있고 나쁠 때도 있는 것처럼, 여름이 있고 겨
울도 있는 것처럼 말이다. 삶의 궤적에서도 사랑과 물질이 넘치
는 풍요로운 호시절이 있다면, 아무것도 제대로 되지 않아 소
위 말하는 바닥을 칠 때도 있기 마련이다.

흔히 있을 때 잘하라고 하는 것도 우리에게 왔던 행운이 언제
없어질지 모르기 때문이다. 하지만 그런 행운이 사라지더라도
좌절할 필요는 없다. 그것이 처음 우리에게 왔을 때처럼 어느
날 다시 찾아올지 모르기 때문이다. 남들이 부러워하는 것을
가졌다고 오만하게 굴거나 없다고 한탄만 할 이유가 없다.

멈춤은 곧
퇴보다

The only real failure in life is the failure to try.
인생에서 진정한 실패는 시도조차 하지 않는 것이다.

|

조지 버나드 쇼 George Bernard Shaw
1925년 노벨문학상을 수상한 아일랜드의 극작가이자 소설가

언젠가 삼성의 이건희 회장이 실패가 두려워서 시도조차 하지 않는 사람과 같은 실패를 반복하는 사람이 가장 나쁘다고 했다. 실패했다고 해서 그것으로 끝나는 것이 아니라 그 실패에서 배워야 한 단계 더 성장할 수 있다. 그래서 실패는 성공의 어머니이며, 앞으로 더 잘할 수 있는 기회를 제공하는 것이라고도 한다.

실패가 두려워서 아예 시도조차 하지 않는다면 실패는 하지 않을지라도 아무런 진전을 기대할 수 없다. 간신히 현상 유지는 했다고 생각하는 것은 착각이다. 발전하는 다른 상대와 비교한다면 결국 퇴보하는 것이기 때문이다.

인생을 결정하는 것은
우연이 아닌 선택

Life is 10% what happens to you and
90% how you respond to it.

인생의 10%는 우리에게 일어나는 일이고, 90%는 우리에게
일어난 일에 어떻게 대응하는가이다.

|

루 홀츠 Lou Holtz
미국 노트르담대학교 미식축구 감독을 지낸 미식축구해설가

결국 내 삶은 내가 주도적으로 살아가는 것이다. 나에게 일어
나는 일들은 대부분 내가 자유의지를 가지고 선택했다기보다
는 결정되는 경우가 많다. 그러나 이 보편적 사건에 무엇을 어
떻게 준비하고 대응하는가는 온전히 내 몫이다. 비근한 예로
황사가 불어올 때 누구는 충분히 대비하는 반면, 누구는 개의
치 않는다면 각자에게 나타나는 결과는 전혀 다를 것이다.
세상의 변화가 우리에게 일어나는 사건이라면 그 변화에 적응
하고 안 하고는 우리의 선택이며, 이 선택에 따라 각자의 삶과
인생이 좌우되는 것이다.

계획이란 현재 시점에서
미래를 예측하는 것

The best way to predict the future is to create it.
미래를 예측하는 최선의 방법은 미래를 창조하는 것이다.

포리스트 샤크리 Forest Shaklee
미국의 발명가이자 작가, 기업인

누구도 알 수 없는 것이 미래이다. 그래서 우리는 그저 미래를 추측하는 데 만족하고 있으나, 그조차도 온전하지 못하다. 예측 그 자체가 어려운 것이며, 잘못된 예측은 너무나 큰 비용을 수반하게 된다. 불투명한 미래를 섣불리 예측하려 하기보다는 스스로 자신의 미래를 만들어 나가는 것이 낫다.

하루의 계획은 아침에 하고, 일주일의 계획은 주초에, 한 달의 계획은 월초에, 그리고 일 년의 계획은 연초에 하며 일생의 계획은 젊어서 한다. 계획을 제대로 실천한다면 그것이 바로 나의 미래이고, 그 미래는 정확하게 예측된 것이다.

내가 살아온 인생은
어떤 의미가 있을까?

Life is dream for the wise, a game for the fool,
a comedy for the rich, a tragedy for the poor.

인생은 현명한 사람에게는 꿈이요, 바보에게는 오락이요,
부자에게는 희극이고, 가난한 사람에게는 비극이다.

|

숄렘 알레이헴Sholem Aleichem
1800년대 후반 러시아의 희극작가이자 소설가

사람들은 제각각 저마다의 인생을 산다. 어떻게 해서 사람마다 인생의 의미가 그렇게 다를까? 우리가 운명이라고 부르는 것처럼 태어날 때부터 인생의 의미가 정해져 있고, 우리는 그저 그 의미에 맞게 사는 것이라면 삶은 너무도 무기력해질 것이다.

현명하게 살아서 인생이 꿈처럼 느껴지는 것인지, 아니면 꿈을 추구하기 때문에 현명해지는 것인지 진실은 알 수 없다. 하지만 우리들 각자가 인생을 살아온 방식대로 그 의미와 가치가 정해진다고 믿고 앞으로 나아가는 것이 최선이 아닐까.

두 번 다시 오지 않을
오늘이라는 선물

Do not dwell in the past, do not dream of the future,
concentrate the mind on the present moment.

과거에 머물지 말며, 미래를 꿈꾸지도 말고,
현재의 순간에 마음을 집중하라.

|

붓다Buddha
석가모니 부처

과거는 이미 지나가 버렸고, 되돌릴 수 없는 시간이다. 그렇기에 과거에 매몰되어 있으면 앞으로의 진전이나 발전을 기대할 수 없다. 단, 우리가 과거에서 *끄집어내야* 하는 것은 번뇌가 아니라 반성이다. 과거의 실패와 잘못을 반성함으로써 자신을 더 나은 사람으로 만들어 가야 한다.

한편 미래는 아직 오지도 않았으며, 어쩌면 나에게는 오지 않을지도 모르는 시간이다. 미래를 걱정한다고 그것을 막을 수는 없으며, 내가 할 수 있는 것은 오로지 지금 이 순간에 최선을 다하는 것뿐이다.

인생은 우리가 채워가야 할
한 권의 책

Life is not about finding yourself.
Life is about creating yourself.

인생이란 자신을 찾는 것이 아니라 자신을 창조하는 것이다.

조지 버나드 쇼 George Bernard Shaw
1925년 노벨 문학상을 수상한 아일랜드의 극작가, 소설가, 수필가

인생은 결코 누군가가 만들어 놓은 내 인생을 찾아가는 것이 아니다. 흔히 인생을 '구도의 길이다', '나를 찾아 길을 나서는 것이다'라고 말하지만 이는 내가 누구인지를 찾는 철학적, 정신적 노력에 지나지 않는다.

진정한 인생이란 내가 바라는, 내가 꿈꿔온, 내가 상상해온 삶을 추구하고 만들어 가는 것이다. 자신의 인생은 스스로 만들어 가는 것이지 결코 누군가가 만들어 주는 것이 아니다. 따라서 인생은 만들어진 나를 찾는 것이 아니라 나를 만들어 가는 과정이다.

의미는 찾는 것이 아니라
부여하는 것

You will never be happy if you continue to search
for what happiness consists of. You will never live
if you are looking for the meaning of life.

행복이 무엇인지 찾기만 한다면 결코 행복해질 수 없다.
또한, 인생의 의미만 찾으려고 한다면 결코 삶을 영위할 수 없다.

|

알베르 카뮈Albert Camus

『이방인』, 『페스트』 등의 작가로 1957년 노벨문학상을 수상한 프랑스 소설가이자 사상가

'행복이란 이런 것이다'라는 답은 있을 수 없다. 행복은 지극히
주관적이기 때문이다. 불교에서는 이를 '일체유심조一切唯心造'
라 하여, 모든 것은 오로지 우리의 마음 먹기에 달렸다고 강조
한다. 같은 처지에서도 누군가는 행복하다고 하지만 누군가는
행복하지 않다고 생각한다.

인생의 모든 부분과 순간들이 다 의미 있는 것만은 아닌데 의
미 있는 인생만 추구한다면 단 하루도 살기 어려울 것이다. 인
생의 의미를 찾기보다 자신의 인생에 의미를 부여해보자.

시간은 우리를
기다려주지 않으므로

A man who dares to waste one hour of time
has not discovered the value of life.

감히 한 시간을 낭비하는 사람은 아직 인생의 가치를
발견하지 못한 사람이다.

|

찰스 다윈Charles Darwin

『종의 기원』을 저술한 영국의 진화생물학자

이 말은 시간의 가치를 모르면 인생을 모른다는 의미일 것이다. 그만큼 시간이 소중하다는 것을 강조하고 있다. 비록 짧은 순간일지라도 그 시간 동안 할 수 있는 것은 헤아릴 수 없이 많다. 시간은 길고 짧음의 문제보다 한 번 지나치면 다시는 돌아오지 않는다는 데 그 중요성이 더해지는 것이다.

누구에게나 하루가 24시간이기에 같은 시간을 어떻게 보내는가에 따라 시간의 가치는 엄청나게 차이 날 수밖에 없다. 어떤 사람이 시간을 헛되이 보낸다면 그는 아직 인생을 모르는 것이다. 시간은 우리를 기다려주지 않는다.

실수하며 보낸 인생이
아무것도 하지 않고 보낸 인생보다 더 낫다

I am always doing that which I can not do,
in order that I may learn how to do it.

나는 늘 할 수 있는 방법을 배우기 위하여
할 수 없는 것을 한다.

|

파블로 피카소 Pablo Picasso
스페인 출신으로 프랑스에서 활동한 20세기 대표적 서양화가이자 조각가

인생은 실험의 연속이다. 귀로 듣고 눈으로 보는 것보다 직접 경험하는 것이 가장 확실한 학습이기 때문이다. 그런 의미에서 본다면 실패하는 것은 그다지 나쁜 경험이 아닐 수도 있다. 한편으로는 실패가 더 지능적으로 다시 도전해볼 수 있는 기회를 주기도 한다. 할 수 없는 것을 시도함으로써 그것을 제대로 하는 방법을 터득할 수 있기 때문이다. 처음 컴퓨터를 배울 때처럼 전에는 할 줄 몰랐는데 여러 번의 시행착오를 통해서 방법을 알게 되는 것이다. 할 수 있는 것만 한다면 아무런 발전도 기대할 수 없다.

사람들 앞에서
즉흥 연기를 펼치는 것이 인생

Life is not a problem to be solved,
but a reality to be experienced.

인생이란 해결되어야 할 문제가 아니라, 겪어야 할 현실이다.

|

쇠렌 키르케고르 Soren Kierkegaard

실존주의 선구자인 19세기 덴마크의 신학자이자 철학자

인생은 결코 문제투성이만은 아니다. 우리 인생은 생로병사의 종합이며, 그래서 즐거움도, 분노도, 슬픔도, 기쁨도 다 있다. 그러나 인생은 우리가 풀어야 할 숙제가 아니라 우리가 만들어가야 할 미래이다. 인생은 모든 것이 실험이며, 여기에는 일절 가상이라는 것이 있을 수 없다. 그래서 인생을 리허설, 즉 예행연습 없는 연극이라고 하지 않는가. 연습도 없이 내 스스로 연기해야 하는 연극이다. 그런 의미에서 인생은 자신의 창작극이며, 극에 포함된 모든 것이 내가 겪어야 할 현실이다.

불투명한 미래,
불안을 떨치려면

Nothing in life is to be feared, it is only to be understood.
Now is the time to understand more, so that we may fear less.

인생은 아무것도 두려워할 것이 없으며,
오직 이해해야 할 따름이다. 두려움을 덜 느끼기 위하여
바로 지금 더 많은 것을 이해해야 한다.

|

마리 퀴리Marie Curie
폴란드 출신으로 노벨상을 받은 여성 핵물리학자

살다 보면 많은 일이 벌어지고, 많은 일을 겪게 된다. 또한 우리
의 인생은 누구도 예측할 수 없고, 누구에게나 미래는 불투명
하며 불확실하기 마련이다. 그래서 사람들은 인생을 두려워하
기도 한다. 그러나 마냥 두려워하기보다 왜 이런 일이 나에게
닥쳤는지 이해한다면 인생은 더 이상 두렵기만 한 것이 아니라
극복의 대상이 될 수 있다. 인생을 이해하는 것이 미래의 불확
실성 그리고 현재의 고난을 이겨낼 수 있는 첫걸음이다.

새로움은 실패하는 동안
찾아온다

A life spent making mistakes is not only more honorable,
but more useful than a life spent doing nothing.

실수하느라 보낸 삶이 아무것도 하지 않고 허비한 삶보다 더
명예롭고 더 유용하다.

|

조지 버나드 쇼 George Bernard Shaw

1925년 노벨문학상을 수상한 아일랜드의 소설가이자 수필가

실수하거나 실패하는 것이 두려움 때문에 아무런 시도조차
하지 않는 것보다 낫다. 무언가 새로운 시도를 하려다 보면 때
로는 실수와 실패를 경험하기 마련이다. 인생은 어쩌면 모험이
고 그래서 사회는 모험을 즐기는 사람이 변화시키고 진전시키
기 마련이다. 모험을 두려워하는 지나치게 합리적인 사람에게
는 현상 유지가 최선일 것이며 그런 사람에게서 발전과 변화는
기대하기는 힘들다. 실패는 더 지능적인 새로운 시도를 할 수
있게 해줄 기회이고, 그래서 성공의 어머니라고도 하는 것이다.

이 세상에
영원한 것은 없다

To live is to change,
and to be perfect is to have changed often.

산다는 것은 변화하는 것이고, 완벽해진다는 것은
자주 변했다는 것이다.

|

존 헨리 뉴먼 John Henry Newman
1800년대 영국 성공회 성직자이자 옥스퍼드대 복음주의학과 교수

굳이 진화론을 들고 나오지 않더라도 인간은 물론이고 하찮
은 미생물마저 변화를 통해 진화하지 않으면 살아남을 수 없
다. 바로 공룡이 우리에게 가르쳐준 교훈이다. 지구상의 모든
생명체 중에서 인류가 가장 완벽한 생명체라고도 할 수 있을
텐데 그 이유는 바로 인류가 그만큼 많이 진화했기 때문이다.
인류와 달리 지구상에서 사라진 종들은 변화에 제대로 대처
하지 못했다. 지금도 우리는 상황과 환경의 변화에 적응할 수
있도록 변화하지 못한다면 성공은 고사하고 생존마저 위협받
는 현실을 살고 있다.

마지막 순간에는 누구나
생이 아름다웠다는 것을 알게 된다

Life is a tragedy when seen in close-up,
but a comedy in long-shot.

인생은 가까이서 보면 비극이지만 멀리서 보면 희극이다.

|

찰리 채플린Charlie Chaplin

무성영화시대 영국의 코미디언이자 영화감독

인생에는 희로애락喜怒哀樂 즉 기쁨, 노여움, 슬픔 그리고 즐거
움이 모두 내재해 있다. 살다 보면 기쁠 때, 화날 때, 슬플 때 그
리고 즐거울 때가 있기 마련이다. 인생의 순간순간 그리고 고
비마다 힘들고 슬픈 일이 더 많을 것이다. 그러나 슬픔이나 고
통은 곧 지나가고, 훗날 되돌아보면 하나의 추억, 심지어 아름
다운 추억으로 기억되는 것을 깨닫고 놀라곤 한다. 인생에는
힘든 시간들이 더 많을지 모르지만 평생을 두고 보거나 돌이
켜보면 그런 시간들이 있었기에 환희와 기쁨의 순간이 더 빛나
는 것이 아닐까.

지금 내가 얻고자 하는 것은
과연 얼마만큼의 가치가 있을까?

The price of anything is the amount of life you exchange for it.
무엇인가의 가격은 그것을 위해 교환한 삶의 정도이다.

|

헨리 데이비드 소로 Henry David Thoreau
1800년대 미국의 철학자이자 시인, 수필가

우리가 살아가면서 이룬 것들, 예를 들어 학위, 돈, 지위 등은
모두가 그것을 얻기 위해 우리가 투자한 시간과 노력의 비용
이다. 크고 가치 있는 것일수록 우리가 투자해야 하는 시간과
노력이 그만큼 더 많아지기 마련이다.
무언가를 이루기 위해서 우리는 삶의 일정 부분이나 상당한
부분을, 때로는 전부를 희생해야 한다. 그 희생이 클수록 당연
히 성과에 대한 가치도 커지기 마련이다.

인생은 우리가 갈망하는 것을
추구하는 동안 지나간다

Life is a series of collisions with the future;
it is not the sum of what we have been,
but what we yearn to be.

인생이란 미래와의 일련의 충돌이다.
인생은 우리가 가져온 것이 아니라,
우리가 갈망하는 것의 모음이다.

|

호세 오르테가 가세트 Jose Ortega Gasset
『대중의 봉기』를 저술한 스페인의 철학자

인생이란 우리가 태어날 때부터 이미 정해진 것이 아니라 우리
가 자유의지에 따라 스스로 선택하고 결정하는 것이다. 물론
세상에는 내가 원한다고 다 되는 것도 아니고, 그렇다고 모든
것이 다 내 의지와는 관계없이 이미 결정되는 것도 아니다. 성
별이나 유전자와 같이 내가 선택할 수 없이 이미 정해진 것도
있지만 대부분은 내 선택으로 이루어 나갈 수 있는 것이다. 인
생은 우리가 가져온 것이 아니라 미래에 우리가 원하는 것을
추구하는, 그래서 미래와 지속적으로 충돌하는 것이다.

죽을 때까지는
그 모든 게 삶이다

He who has a why to live can bear almost any how.
삶의 이유가 있는 사람은 어떻게든 버틸 수 있다.

프리드리히 니체 Friedrich Nietzsche
쇼펜하우어에게서 영향을 받은 19세기 독일의 철학자

일, 사랑, 성취 등 삶의 이유는 저마다 다양하다. 우리는 자신
이 살아갈 이유와 동기로 영감을 받고 힘을 내며, 이것은 곧 삶
의 원동력이다. 삶의 이유가 분명하고 강할수록 삶의 방법도
분명해지고 강해진다.

누구나 살아야 할 이유가 있으면 살아갈 방법을 찾게 마련이
다. 흔히들 산 사람은 어떻게든 살아간다고 한다. 남아 있는 가
족이라는 삶의 이유가 있기 때문이다.

인생이라는 연극의 묘미는
각본이 없다는 데 있다

Life is like a play; it's not the length,
but the excellence of acting that matters.

인생은 연극과 같아서 중요한 것은 그 길이가 아니라
연기의 우수성이다.

|

루시우스 아네우스 세네카Lucius Annaeus Senca
네로 황제의 스승으로 고대 로마시대의 정치인, 사상가이자 문학가

인생은 연습이 없는 연극이다. 모든 연극에는 극본이 있고, 배우들은 그 극본에 따라 수많은 연습을 거쳐 무대에 오른다. 그러나 인생이라는 연극에는 각본도, 연습도 없다. 실제로 우리는 내용이 없거나 아무런 흥미도 느낄 수 없는데 길기만 한 연극이나 영화를 원하는가? 아마 아닐 것이다.

우리는 연극의 길이보다는 연극의 내용과 그것을 연기하는 배우의 연기력에 매료된다. 인생도 얼마나 오래 살았느냐가 아니라 어떤 인생을 어떻게 살았느냐가 더 중요하다.

모든 사람이 저마다 다르기에
세상이 더 재밌다

The shoe that fits one person pinches another;
there is no recipe for living that suits all cases.

누군가에게 딱 맞는 신발이라도 다른 누군가에게는
꼭 끼일 수 있는 것처럼, 모든 경우에 다 맞는
삶의 처방이란 있을 수 없다.

|

칼 융Carl Jung
스위스의 정신의학자로 분석심리학의 개척자

세상에 만병통치약은 없다. 감기에 대한 처방도 코감기 다르
고 목감기 다르듯이 말이다. 나한테 맞는 신발이라고 해서 다
른 사람들에게도 꼭 맞으리라는 보장도 없다. 클 수도 있고 작
을 수도 있다. 마찬가지로 나에게 맞는 일이나 직업, 환경, 계획
등이 다른 사람에게도 다 맞는 것은 아니다.

사람마다 살아가는 방식과 생각이 다르기 때문에 가끔은 다
투기도 하지만, 각양각색의 삶이 얽히고설켜 있기에 우리의 인
생이 더 재밌는 게 아닐까.

미래는 지금 우리가
무엇을 하고 있는가에 달려 있다

Life is the culmination of the past, an awareness of the present,
an indication of a future beyond knowledge,
the quality that gives a touch of divinity to matter.

인생은 과거의 정점이고, 현재의 지각이며,
문제에 대한 신성함의 손길을 제공하는 자질로서
지식 이상의 미래에 대한 암시이다.

|

찰스 린드버그 Charles Lindbergh
1927년 처음으로 미국에서 파리까지 쉬지 않고 단독 비행한 미국 비행사

인생은 성공의 사다리를 오르는 것과 비슷하다. 지금 이 순간
의 인생은 결국 내가 지금까지 올라온 사다리의 꼭대기, 정점
이다. 그러므로 인생이란 곧 현재의 내 위치를 아는 것이다. 현
재의 내 위치는 내가 누구인가를 보여 준다.
한 사람의 어제와 오늘을 보면 그 사람의 내일도 얼마간 보이
기 마련이다. 줄곧 경부선 철길을 완행열차로 타고 부산서 천
안까지 왔다면 그렇게 서울까지 가야 한다. 인생도 마찬가지로
살아온 날들이 살아갈 날들을 가늠해보게 한다.

인생은 담대한 모험

당장 내일 벌어질 일도 모르는 것이 인생

The truth is you don't know
what is going to happen tomorrow.
Life is a crazy riding, and nothing is guaranteed.

진실은 내일 우리에게 무슨 일이 일어날지 모른다는 것이다.
인생은 광란의 질주와 같아서 아무것도 보장되지 않는다.

|

에미넴Eminem

디트로이트 출신의 미국 래퍼, 프로듀서, 배우

내일 무슨 일이 벌어질지 모를 뿐만 아니라 더 심하게는 내일
이 올지 안 올지조차 알 수 없는 것이 인생이다. 인생이란 내 의
지대로 살 수 있는 것이 아니기에 내일이 보장되지도 않으며,
내 의지대로 무엇이든 모든 것을 할 수 있는 것도 아니기에 인
생을 광란의 질주와도 같다고 하는 것이다.

경찰에 추격당하는 도주 차량처럼 언제, 어디로 튈지 알 수 없
는 것이 인생이다. 앞에 장애물이나 갑작스러운 커브길이 나
타날 수도 있다. 마치 어디에 무엇이 있으며, 언제, 어디서, 무엇
이 나타날지 알 수 없는 칠흑 같은 어두운 밤길이 곧 인생이다.

어떻게 나이 들어갈 것인지
고민하라

Life is a series of natural and spontaneous changes.
Don't resist them – that only creates sorrow,
let reality be reality, let things flow naturally forward
in whatever way they like.

인생은 일련의 자연적이고 자연 발생적인 변화이다.
변화에 저항하지 말라 –그것은 단지 슬픔만 가져다줄 뿐이다.
현실을 받아들이고, 원하는 방향대로
자연스럽게 앞으로 흘러가게 하라.

|

노자老子
중국 춘추전국시대 철학자

인생이란 내 의지와 관계없이 그야말로 자연의 섭리에 따른 변화의 연속이다. 변화에는 세월의 흐름과 함께 늙고, 병들고 하는 신체적 변화는 물론이고, 부모가 되고 가장이 되는 등의 역할 변화도 포함된다. 그런 자연 섭리에 가까운 변화에 적응하지 않고 저항하는 것은 어리석은 짓이다. 늙지 않으려고 해도 늙지 않을 수 없지 않은가. 그럴수록 오히려 세월이 더 야속하고 인생이 더 덧없어질 따름이다. 인생의 변화에 저항할 것이 아니라 그 변화에 순응하고 적응하여 잘 늙어가는 것well-aging 이 낫지 않을까.

인생은 모험할 만한
가치가 있다

One way to get the most out of life is
to look upon it as an adventure.

인생에서 가장 많은 것을 얻을 수 있는 한 가지 방법은
인생을 모험으로 바라보는 것이다.

|

윌리엄 페더William Feather
미국의 출판인 겸 작가

누군가가 변화, 혁신, 개혁은 이성적, 합리적인 사람의 몫이 아니라 오히려 그렇지 않은 사람, 어쩌면 비이성적, 비합리적인 반면 모험적인 사람의 몫이라고 했다. 이성적, 합리적인 사람은 안정적일지는 모르지만 큰 모험은 하지 않는다는 뜻이다. 물론 모험에는 그만큼의 위험이 따르지만 반대로 또 그만큼의 보상도 커지기 마련이다. 인생도 마찬가지로 안정과 현상 유지보다는 약간의 모험이 있는 인생이 위험 부담이 큰 만큼 보상이 클 수 있다.

인생은 매일매일의
현재로 이루어진다

If you love life, don't waste time,
for time is what life is made up of.

인생을 사랑한다면, 시간을 허비하지 마라.
인생은 바로 시간으로 이루어지기 때문이다.

|

이소룡 Bruce Lee

중국계 미국인 배우이자 문화계 아이콘

인생은 결국 순간순간의 모음이다. 흔히들 시간은 머물지 않고, 기다려주지도 않는다고 한다. 그뿐만 아니라 시간은 쏜살같다고 하여 그 빠름을 표현하기도 한다. 인생이 시간의 연속이라면 그리고 인생을 사랑한다면 매시간을 소중히 하지 않을 수 없다.

한때 우리나라에서도 소위 '시테크'라는 말이 유행했던 적이 있다. 그야말로 시간이 곧 돈이며, 따라서 시간을 제대로 활용할 줄 알아야 돈도 벌고, 성공도 할 수 있다고 시간 관리의 기술을 강조했던 것이다.

꿈을 머릿속에 그릴 수 없다면
이루어지지도 않는다

Our life always expresses the result of our
dominant thoughts.

인생이란 언제나 우리가 가장 깊이 생각하는 것을
표현하는 것이다.

|

쇠렌 키르케고르 Soren Kierkegaard

실존주의 선구자로 알려진 19세기 덴마크의 철학자이자 신학자

누군가의 인생이란 곧 그가 살아온 삶의 집합체이다. 하루하루가 고단한 삶의 연속이었다면 그 사람의 인생은 질곡의 일생이었을 것이다. 한 사람의 삶이란 그 사람이 무슨 생각을 얼마나 어떻게 하고 있는가에 따라 결정되는 것이다.

놀고먹는 것이 그 사람의 주된 관심사라면 그의 삶 또한 놀고먹는 그런 삶에 지나지 않을 것이지만, 희생과 사랑에 관해 늘 생각한다면 그의 삶과 인생도 그러할 것이다. 사람은 자신의 생각을 현실로 실현시키며, 생각이 행동으로 표출되기 때문이다.

하늘이 잠깐 흐리다고
너무 상심하지 마라

Into each life some rain must fall.
모든 사람의 일생에서 약간의 비는 내리기 마련이다.

|

헨리 워즈워스 롱펠로우 Henry Wadsworth Longfellow
단테의 신곡을 미국서 처음 번역하고,「인생찬가」로 잘 알려진 시인

세상을 살다 보면 항상 맑은 날만 있는 것은 아니다. 때로는 눈과 비가 내리고, 바람이 불거나 안개가 끼기도 하고, 추울 때도 있고, 더울 때도 있다. 날마다 화창한 날씨만 계속된다면 마치 가뭄으로 식물이 메말라 가듯이 우리 인생도 너무나 무미건조하게 될 것이다.

뿐만 아니라 때로는 비가 내려야 세상에는 비 오는 날도 있다는 것도 알게 되고, 평소 그에 대한 준비도 하게 된다. 또한 비가 그치면 내가 딛고 있는 인생이라는 땅은 더욱 단단해질 수도 있다.

포기하지 않는 한
기회는 언제고 다시 온다

Life consists not in holding good cards,
but in playing those you hold well.

인생이란 좋은 카드를 잡는 데 달린 것이 아니라
쥐고 있는 카드를 잘 쓰는 데 달렸다.

|

조쉬 빌링스 Josh Billings
19세기 후반 마크 트웨인 다음가는 유명강사이자 희극작가

카드놀이에서 어떤 카드를 잡느냐는 내 의지와는 전혀 관계가 없는 우연의 문제이다. 물론 좋은 카드를 가질 수 있다면 더 좋겠지만 내가 어찌할 수 없는 부분이다. 인생에서도 기왕이면 좋은 집안에서 태어난다면 더할 나위가 없지만 내가 선택할 수 있는 것이 아니다. 카드놀이에서도 카드는 무작위로 나에게 주어지는 것이어서 내가 선택할 수 없다. 오로지 내가 내 의지대로 선택할 수 있는 것은 주어진 카드를 어떻게 활용하는 가이다. 인생도 그렇다.

살아 있는 것만으로도 대단한 인생

The courage of life is often a less dramatic spectacle
than the courage of a final moment;
but it is no less a magnificent mixture of
triumph and tragedy.

삶의 용기는 때때로 마지막 순간의 용기에 비하면
극적인 장관은 덜하지만,
승리와 비극의 장대한 조합에 못지않다.

존 F. 케네디 John F. Kennedy
자유주의의 상징으로 기억되는 미국의 35번째 대통령

삶과 죽음의 갈림길만큼은 아니겠지만 인생 그 자체도 사실은
충분히 경이로운 것이다. 죽음을 건 용기에 비할 바야 아니겠
지만 살아가는 것 또한 상당한 용기가 필요하다. 인생에서 가장
극적인 순간이 바로 태어나는 순간과 죽음을 맞이하는 순간
이다. 우리의 생애는 환희와 고난으로 점철되어 있기에 때로는
승리의 기쁨을 맛보지만 때로는 고난의 쓴맛도 감내해야 한다.
인생은 승리와 비극의 장대한 조화이자 조합인 것이다.

얼마나 사느냐에서
어떻게 사는가로

It's not length of life, but depth of life.
중요한 것은 인생의 길이가 아니라 그 깊이이다.

|

랄프 왈도 에머슨Ralph Waldo Emerson
1900년대 미국의 시인이자 수필가이자 사상가

흔히들 힘들어도 오래 사는 것이 중요한 것인지 아니면 힘들게 살기보다는 조금 짧게라도 편하게 사는 것이 나은지 의문을 가진다. 그러나 현대와 같은 장수시대에는 오래 산다는 것, 즉 삶의 길이가 과거에 비해 덜 중요해진 것 같기도 하다. 누구나 오래 살 수 있게 되었기 때문이다.
그렇다면 대신 무엇이 더 중요해졌을까? 바로 '삶의 깊이'이다. 얼마나 살았는가보다는 어떻게 살았는가가 더 중요한 가치가 되었다. 내가 어떤 사람으로 무엇을 했는가가 더 중요한 것이다.

인생은 원래
공평하지 않다

Life is never fair, and perhaps it is a good thing
for most of us that it is not.

**인생은 결코 공평하지 않으며, 어쩌면 공평하지 않은 것이
우리들 대부분에게는 다행한 일이다.**

|

오스카 와일드 Oscar Wilde
아일랜드의 극작가, 소설가이자 시인

모든 사람의 인생이 판박이처럼 같다면 너무나 무섭지 않을까. 모든 인민이 평등하다고 외쳤던 공산주의나 사회주의 사회에서조차 평등하지 못했는데 과연 모두가 평등할 수 있을까. 사람은 태어날 때부터 평등하지 못하며, 우리는 인생의 출발점부터 다르다. 유전과 환경의 차이를 안고 인생은 시작된다. 생김새도, 능력도 다 다르게 타고난다. 그러나 일부는 이 불공평한 인생을 다행으로 생각하고 안도하기도 한다.

오늘 먹지 못한 아침은
영원히 먹을 수 없다

That it will never come again is what makes life sweet.
인생은 결코 다시 오지 않기에 달콤한 것이다.

|

에밀리 디킨슨Emily Dickinson
2,000여 편의 시를 쓴 미국의 천재 여류시인

인생은 오직 한 번밖에 공연되지 않는 연극과도 같다. 지나간 인생은 다시 돌이킬 수도 없고, 다시 돌아오지도 않는다. 바둑처럼 복기가 가능하다면 좋으련만 우리 인생에 그런 기회란 없다. 오늘 먹지 못한 아침은 영원히 먹을 수 없다. 오늘 아침은 딱 오늘 아침에만 먹을 수 있는 것이다. 그래서 아침이 더 맛있는지도 모를 일이다. 인생이 다시 올 수 있다면 지금처럼 소중하지 않을 것이다. 오로지 단 한 번밖에 오지 않는 인생의 순간이기에 그만큼 더 짜릿하고 달콤한 것이 아닐까.

놓아야 할 때와
붙잡아야 할 때

All the art of living lies in a fine mingling of
letting go and holding on.
놓아줄 것과 붙잡을 것을 잘 아우르는 것이 삶의 예술이다.

|

해브록 엘리스 Havelock Ellis
인간의 성을 연구한 영국의 의사, 사회개혁가이자 작가

인생은 사람과 일을 만나고 보내는 것의 연속이라고 할 수 있
다. 아무리 세상이 인맥을 중시한다고 오는 사람 모두를 다 붙
잡을 수도 없거니와 붙잡아서도 안 될 일이다. 반대로 모두를
버려서도 안 될 것이다.

일도 그렇다. 하고 싶다고 다 붙잡고 있고, 싫어한다고 다 놓는
다면 세상은 어떻게 될까? 사람도 일도 때와 장소, 상황과 경
우에 따라 놓아주기도 하고 붙잡기도 해야 한다. 놓아야 할
때와 붙잡아야 할 때를 현명하게 판단하는 것이 지혜로운 사
람의 삶이다.

닫힌 문에 미련을 버려야
또 다른 문이 보인다

When one door closes, another opens;
but we often look so long and so regretfully
upon the closed door that we do not see
the one that has opened for us.

하나의 문이 닫히면 또 다른 문이 열리지만,
종종 닫힌 문을 지나치게 후회하며 오래 바라보아서
우리를 위해 열려 있는 문을 보지 못한다.

|

알렉산더 그레이엄 벨Alexander Graham Bell
스코틀랜드 태생의 미국 과학자이자 발명가로 최초의 '실용적' 전화기 발명

과거 우리는 모로 가도 서울만 가면 된다고 하여 목표에 도달하기 위한 여러 가지 방법과 절차보다 결과를 중시하는 말들을 자주 인용했다. 일도 그렇다. 그 일을 하는 데 오로지 한 가지 방법만 있는 것은 아니다. 지금 내 앞에 있는 문이 닫혔다고 그 방에 다시는 들어갈 수 없는 것이 아니듯 말이다. 또 다른 문이 얼마든지 있을 수 있다. 그러나 사람들은 자신이 들어가고 나간 문만 바라볼 뿐 또 활짝 열려 있는 다른 문이 있다는 것을 알아채지 못한다. 새로운 기회의 문은 언제, 어디서나 있기 마련이다.

오늘이라는 선물에
감사하자

Yesterday is a history. Tomorrow is a mystery.
Today is a gift. That's why it's called the present.

어제는 역사요, 내일은 불가사의이며, 오늘은 선물이다.
그래서 우리는 오늘을 선물present이라고 부른다.

|

작자 미상

단 하루라도 지나간 시간은 과거이고, 과거는 역사일 따름이
다. 어제도 역사이며 지난해도 역사이다. 그러나 아직 오지도
않은 시간은 그야말로 불가사의이다. 올지 안 올지 모르며, 설
사 온다 해도 어떤 내일이 올지는 더욱 모를 일이기에 불가사
의가 아닐 수 없다. 지금으로서는 누구도 생각조차 할 수 없는
것이다.

오지도 않은 내일이나 지나간 어제는 우리가 지금 통제할 수
없는 것이다. 결국 내가 내 의지로 바꿀 수 있는 것은 바로 지금
이 순간, 오늘뿐이다. 오늘이야말로 신이 나에게 준 최고의 선
물이다.

때로는 희망도 절망도 없이
삶을 있는 그대로 바라보자

Don't take life too seriously.
You'll never get out of it alive.
인생을 너무 심각하게 생각하지 말라.
어차피 살아서 끝낼 수는 없다.

|

엘버트 허버드 Elbert Hubbard
미국의 예술가, 작가, 출판인이자 철학자

생명은 유한하다. 누구라도 영원할 수는 없다. 그 유명한 진시황제도 영원불멸을 꿈꾸고 불로초를 찾았지만 허사지 않았는가. 인간을 포함한 모든 생명체에게 가장 중요한 것은 생과 사의 문제인데 누구에게나 생명이 영원하지 않고 한시적이라면 훨씬 더 편안한 마음으로 삶을 영위할 수 있지 않을까.

하루하루를 충실하게 살고자 한다면
오직 오늘에 집중하라

Remember the past, plan for the future,
but live for today, because yesterday is gone and
tomorrow may never come.

과거는 기억하고, 미래는 계획하라.
그러나 어제는 이미 지나갔으며, 내일은 오지 않을지도 모르니
오늘을 위해 살아라.

|

루가의 복음서

루가가 예수의 일생을 기록한 복음서

과거를 기억하는 것은 지나간 시간들을 거울로 삼아 더 나은
오늘을 살고, 더 나은 미래를 계획할 수 있기 때문일 것이다. 흔
히들 과거를 용서하되 잊어서는 안 된다고도 하는 이유가 바
로 여기에 있을 것이다. 그러나 가장 중요한 것은 어제도 내일
도 아닌 바로 오늘, 지금 이 순간이다.

생로병사와 희로애락으로
계속되는 인생

In three words I can sum up everything
I've learned about life: it goes on.

인생에 대해서 배운 모든 것을 이렇게 요약할 수 있다:
인생은 계속된다.

|

로버트 프로스트 Robert Frost
수차례 퓰리처상을 받은 20세기 미국 최고의 국민적 시인

김영삼 전 대통령은 자신의 시련기에 "닭의 목을 비틀어도 새벽은 온다"라는 유명한 말을 한 적이 있다. 새벽이 되면 닭이 울지만 그 닭의 목을 비틀어 울지 못하게 해도 새벽은 온다는 것이다. 오늘이 어떠한들 때가 되면 해가 지고, 또 해가 뜨는 내일이 온다. 태어나고 늙고, 병들고, 죽는 생로병사가 인생이고, 인생은 기쁨, 노여움, 슬픔 그리고 즐거움이 계속되는 희로애락의 과정이다.

돌아 돌아가다 보면
결국 목적지가 보인다

You may not always end up
where you thought you were going,
but you will always end up
where you were meant to be.

항상 자신이 가고 있다고 생각했던 곳에 도달하지는 못하지만,
항상 의도했던 곳에는 도달하게 된다.

|

제시카 테일러 Jessica Taylor
영국의 가수이자 잡지 모델

때때로 우리는 바른길을 가고 있다고 생각했지만 잘못된 길이
어서 목적지에 도달하지 못할 수도 있고, 생각했던 길은 아니
지만 가다 보니 목적지에 도달할 수도 있다. 마치 파도와 바람
에 밀리기 쉬운 바닷길처럼 말이다. 그러나 내가 가고자 하는
목적지를 되새기며 인생의 항로에 돛을 꽉 쥐고 있다 보면 언
젠가는 어떻게든 그 목적지에 도달하기 마련이다.

삶이 그대를
속일지라도

Nowhere on your birth certificate did it say
life would be fair.

출생증명서 어디에도 인생이 공정하다는 말은 없다.

|

트레버 존스 Trevor Jones

미국의 유명 세일즈맨

최근 우리 사회의 불평등하고 불공정한 현실을 빗댄 '수저계급론'이 유행하고 있다. 세상에는 '흙수저'부터 '은수저', '금수저', 심지어는 '다이아몬드수저'에 이르기까지 다양한 수저가 있다는 것으로, 그만큼 사람마다 그 출생 신분과 처지가 다르다는 것이다. '무전유죄, 유전무죄'라는 어느 교도소 탈주범의 외침이 허무맹랑하지만은 않은 것 같다.

그렇다고 신세나 처지만을 한탄하고 조상만을 탓하는 것은 옳지 않다. 세상은 기회와 희망으로 가득하기 때문이다. 개천에서 난 용, 하다못해 이무기들이 너무나 많지 않은가.

철들자
저물어 가는 인생

Life is half spent before we know what it is.
인생이란 무엇인지 알기도 전에 이미 절반은 가버린다.

|

조지 허버트 George Herbert
영국의 시인, 웅변가, 성직자

이 말은 두 가지로 이해할 수 있을 것 같다. 하나는 인생이란 참
빠르다는 뜻을 가질 수 있고, 다른 하나는 인생은 복잡다단
하여 이해하기가 쉽지 않다는 의미일 것이다. 그래서 우리도
예전부터 인생은 철들자 끝이라는 말로 인생의 복잡 미묘함과
허망함을 탓하기도 했다.
인생이 이런 데는 무릇 여러 이유가 있겠지만 한평생을 살아
도 단 하루도 같은 시간이 없고 같은 상황이 없으므로 인생이
무엇인지 분명하게 확신하기가 어려운 것이 아닐까.

인생 공부의 핵심은
조화와 균형의 기술

The art of life is to know how to enjoy a little
but to endure very much.

인생의 묘미는 즐기는 것은 조금이고
대부분은 인내하는 법을 배우는 것이다.

|

윌리엄 해즐릿William Hazlitt
영국의 수필가이자 문학평론가

인생에서 가장 필요한 것은 어쩌면 조화의 기술이다. 일과 여
가를 조화롭게 유지하는 것, 일과 가정 사이의 균형을 조화
롭게 맞추는 것, 인내하는 것과 표현하는 것의 조화 등 우리의
삶이 곧 조화의 연속일지 모른다. 그리고 이런 조화를 조절해
가는 힘은 인내심에서 나온다.

비근한 예로 음식을 즐기고 싶은 유혹을 참고 견디는 인내가
없다면 삶 자체가 불가능하거나 어려워질 수도 있다. 그 음식
을 즐기는 것은 순간이지만 참고 견디는 시간이 훨씬 더 길다.
바로 이런 조화와 균형을 맞추어 나가는 법을 터득하는 것이
인생인 것이다.

진정으로 원하는 것에
전력투구하라

To succeed in life, you need two things:
ignorance and confidence.

인생에서 성공하기 위해서는 무지와 확신이라는
두 가지가 필요하다.

|

마크 트웨인Mark Twain
『톰 소여의 모험』을 쓴 미국의 소설가

흔히 선무당이 사람 잡는다거나 잘못된 지식이 무지보다 더 무섭다고들 한다. 확실하고 정확하게 알지 못할 바에는 차라리 백지 상태의 무지함이 오히려 배움의 열정을 자극할 수 있다는 뜻이다. 토끼와 거북이의 경주에서 거북이가 승리하는 것을 보라. 어설프게 아는 척하고 자만하다가는 느린 거북이에게도 지고 만다.

그렇다고 자신의 능력에 대해 불신하는 것도 문제 해결에 도움이 되지 않는다. 자신에 대한 믿음만큼 힘이 되는 것은 없기 때문이다. 자신을 믿고 미래를 긍정하며, 요령을 피우기보다 우직하게 앞만 보고 나아가자.

아무것도 바꾸지 않으면,
아무것도 변하지 않는다

Don't be afraid of change. You may end up
losing something good, but you will probably
end up gaining something better.

변화를 두려워하지 말라. 변화로 무언가 좋은 것을
잃을지도 모르지만 아마도 더 좋은 무언가를 얻게 될 것이다.

|

작자 미상

말이 쉽지 누구에게나 변화는 두려운 것이다. 현재에 만족할
수록 더욱 변화를 꺼리고 거부하기 쉽다. 지금 누리는 편안함
을 놓치고 싶지 않기 때문이다. 사실 변화는 우리에게 많은 것
을 요구하지만, 변화의 결과가 지금보다 더 낫다는 확실한 보
장도 없다. 그러나 대부분의 변화는 더 나은 것을 위한 진화이
지 지금보다 못한 퇴보를 말하지는 않는다. 변화로 인해 지금
의 안락함과 같은 좋은 것을 놓칠지는 몰라도 궁극적으로는
잃는 것보다 얻는 것이 더 많다.

세상에는 나와 같이 생각하고 느끼는
그 누군가가 있다

We all take different paths in life, but no matter where we go,
we take a little of each other everywhere.

우리 모두는 삶의 길이 서로 다르지만, 우리가
어떤 길을 가건 어디를 가더라도 조금씩은 같은 길을 가게 된다.

|

팀 맥그로Tim McGraw

미국의 가수 겸 배우

우리는 모두가 비슷할지는 모르지만 서로 다른 목표를 가지고 있으며, 설사 유사한 목표를 가지고 있더라도 목표를 성취하는 방식은 서로 다를 수 있다. 목적지가 같아도 누구는 기차를 타고, 누구는 버스를 타고, 누구는 비행기를 타고, 누구는 자동차를 운전해서 갈 수도 있다. 그러나 목적지에 다다르기 위해서는 누구라도 여행을 준비해야 한다. 사업을 목적으로 해도 어떤 사업을 하는가 또는 어떻게 성공할 것인가는 사람에 따라 다를 수 있겠지만 어떻게든 이익을 극대화해야 하며 이를 위하여 최선을 다해야 한다는 공통의 과제가 있다.

자신의 운명을
사랑하라

We love life, not because we are used to living,
but because we are used to loving.

우리의 삶을 사랑하는 것은 우리가
삶에 익숙하기 때문이 아니라 사랑에 익숙하기 때문이다.

프리드리히 니체Friedrich Nietzsche
독일의 철학자이자 문헌학자, 예술가

우리는 삶에 익숙하기 때문이 아니라 사랑에 익숙하기 때문에 힘든 삶, 인생마저도 사랑하는 것이다. 인간은 매 순간 무언가에 빠지고, 무언가를 사랑하며 산다. 일을 사랑하고, 사람을 사랑하고, 때로는 풍경을 사랑한다. 그렇다고 미움이 없는 것은 아니지만 미움보다는 사랑할 대상이 더 많기에 고달픈 인생, 삶마저 사랑하게 되지 않을까.

한 사람의 진가는
역경 속에서 드러난다

Bad things do happen: how I respond to them defines
my character and the quality of my life.

나쁜 일이 생기기 마련이지만, 그런 안 좋은 일에
어떻게 대응하는가가 내 성격과 삶의 질을 결정하게 된다.

|

월터 앤더슨Walter Anderson
미국의 화가, 작가이자 자연주의자

우리가 살다 보면 항상 좋은 일만 있을 수는 없으며, 원치 않아
도 때로는 좋지 않은 일들이 생기기 마련이다. 물론 누구에게
는 안 좋은 일들이 더 많이 생기고, 누구에게는 더 적게 생기기
도 한다. 가급적이면 좋지 않은 일은 적을수록 좋을 것이다. 그
러나 어쩔 수 없이 생기게 되는 좋지 않은 일을 어떻게 받아들
이고, 대응하는가가 더 중요하다. 어려움에 처했을 때 그 사람
의 진가가 드러나기 마련이다.

산정수전 끝에
찾아온 평온

Clouds come floating into my life,
no longer to carry rain or usher storm,
but to add color to my sunset sky.

먹구름이 내 인생을 뒤덮어도, 더 이상 내 인생에 비를 뿌리지도
폭풍을 초래하지도 않고 다만 내 인생의 일몰하는
하늘에 색깔을 더할 뿐이다.

|

라빈드라나드 타고르Rabindranath Tagore
아시아 최초로 노벨문학상을 수상한 인도의 시성

시쳇말로 '산전수전 다 겪었다'는 말을 하곤 한다. 인생을 살면
서 이런저런 고통과 힘든 일들을 다 겪었다는 말이다. 그런 인
생의 폭풍우를 다 겪고 난 뒤에 인생의 마지막 시간에 서 있는
사람에게는 더 이상 비바람과 폭풍우가 쏟아지지는 않을 것이
며, 설사 비바람과 폭풍우가 몰아치더라도 이제는 그냥 받
아들일 수 있을 정도로 익숙해지거나 단련되었을 것이다. 오히
려 다사다난했던 인생의 책갈피에 하나를 더하는 것에 지나지
않는다고 생각하게 된다.

역경은 행복을 예고하는
신의 선물

You are going to go through tough times –that's life.
But nothing happens to you, it happens for you.
See the positive in negative event.

누구나 힘든 시간도 거치기 마련이며, 그것이 바로 인생이지만,
어떤 것이라도 그냥 우리에게 일어나는 것이 아니라
우리를 위하여 일어나는 것이다.
부정적인 사건 속에서 긍정적인 것을 보아야 한다.

|

조엘 오스틴 Joel Osteen
『긍정의 힘』의 작가인 미국 최고의 대중적 목사

사람들은 인생을 마라톤에, 때로는 등산에 비유한다. 이는 곧
우리의 인생은 굴곡이 있다는 것을 강조하고 있다. 오르막길이
있으면 내리막길이 있고, 반대로 내리막길이 있으면 오르막길
도 있기 마련이다. 삶의 과정에서 만나게 되는 오르막, 힘든 시
간과 일도 사실은 그냥 아무렇게나 일어나는 것이 아니라 다
그만한 이유가 있고 또 나름의 가치도 있다고 한다. 힘든 시간
을 지나고 나서 비 온 뒤에 땅이 굳듯이 인생도 더 단단해지기
때문이다. 종교에서는 우리가 겪고 있는 시련도 다 우리를 더
강하게 만들기 위한 신의 선물이라고도 하지 않는가.

내일은
내일의 태양이 뜬다

The joy of life comes from our encounters with new
experiences, and hence there is no greater joy
than to have an endlessly changing horizon,
for each day to have a new and different sun.

삶의 즐거움은 새로운 경험을 만나는 데서 오고,
그래서 하루하루가 새롭고 다른 태양이기에
끝없이 변하는 지평선을 바라보는 것보다 더 큰 즐거움은 없다.

|

크리스토퍼 맥캔들리스 Christopher McCandless
알래스카 야생을 탐험한 미국의 모험가

무언가 새로운 것을 경험하는 일은 대부분 흥분된다. 누구도
가지 않은 길을 가고, 누구도 하지 않은 일을 하며, 누구도 이
루지 못한 것을 이루는 것은 대단한 성취이다. 그래서 찬사를
받기 마련이다.

운동선수들에게는 새로운 기록에 대한 목표가 있고, 과학자
들에게겐 새로운 발명과 발견에 대한 갈망이 있다. 미지의 세계
를 알고 싶은 사람들은 오지나 극지를 탐험한다. 우리 인생도
사실은 하루하루가 새로움의 연속이다. 매일 뜨는 해도 같은
해가 아니라 매일 새로운 해가 뜨기 마련이다.

인생은 그 자체가
위대한 선물

God give us the gift of life;
it is up to us to give ourselves the gift of living well.

신은 우리에게 생명의 선물을 주셨으며,
그 생명이라는 신의 선물을 잘 쓰는 것,
즉 잘사는 것은 우리 자신의 몫이다.

볼테르Voltaire
프랑스의 계몽주의 작가

생명은 신의 선물, 조물주의 선물이다. 그 신성한 조물주의 선물이 가치 있는 선물이 되고 말고는 우리 자신에게 달린 것이다. 신의 선물을 남용하거나 악용하거나 방기한다면 우리의 생명, 삶은 선물이 아니라 고통이 될 수도 있다.

일상생활 속에서도 흔히 사람에 맞지 않는 선물이나 분에 넘치는 선물을 '돼지 목에 진주'라고 하지만 비록 작은 것이라도 쓰는 사람에 따라서는 금은보화에 못지않은 값진 선물도 될 수 있는 것이다. 같은 선물이라도 받는 사람이 어떻게 쓰는가에 따라 천차만별이 될 수 있는 것이다.

피할 수 없다면
즐거라

Life is too short to worry about anything.
You had better enjoy it because the next day promises nothing.

무언가를 걱정만 하기에는 우리의 인생이 너무나 짧다.
내일은 우리에게 아무것도 약속해주지 않는다.
인생은 즐겨야 한다.

|

에릭 데이비스 Eric Davis
미국 프로야구선수

내일이란 아무런 의미가 없다. 극단적으로는 내일이 오지 않을
수도 있다. 흔히 '다음에 보자'는 말은 믿을 수 없다고 한다. 다
음은 없을 수도 있고, 있다고 해도 언제일지 알 수 없기 때문이
다. 인생이 어찌 보면 긴 것 같지만 대부분의 사람들에게는 세
월이 너무나 빠르게 지나가 버린다. 당연히 좋은 일만 하고, 즐
기기만 해도 모자란 인생인데 걱정만 하며 보내기에는 너무
아깝지 않은가. 더구나 걱정한다고 어제가 바뀌고 내일이 달라
지지도 않는다. 삶의 매 순간에 충실할 것, 현재를 즐길 것, 이
두 가지야말로 행복한 삶을 누리는 최선의 방법이다.

인생은 결코 한 번의 사건으로
좌우되지 않는다

It's wise to keep in mind that
neither success nor failure is ever final.

성공이나 실패 모두 결코 마지막이 아님을 명심하라.

|

로저 밥슨Roger Bobson
미국에서 다수의 대학을 설립한 기업인이자 사회단체 활동가

인생을 살다 보면 실패할 수도 있고 성공할 수도 있다. 그렇다
고 한 번의 실패로 인생이 끝나는 것도 아니며, 한 번 성공했다
고 평생토록 지속되리란 보장도 없다. 성공과 실패가 결코 인생
의 전부가 걸린 마지막 승부수가 아니라는 사실을 항상 명심
할 필요가 있다. 그래야만 성공하더라도 계속 긴장의 끈을 놓
지 않고 노력할 것이고, 실패하더라도 다시 도전할 수 있는 기
회를 찾을 것이기 때문이다.

삶은 때때로 우리에게 기회를 주지만, 이내 거두어 가기도 한다

The ladder of success is best climbed by stepping
on the rungs of opportunity.
성공의 사다리는 기회의 계단을 밟음으로써
가장 잘 오를 수 있다.

아인 랜드Ayn Rand
소설 『아틀라스』와 영화 〈러브 스토리〉의 작가인 러시아계 미국인 소설가이자 극작가

아무리 높은 산, 높은 곳이라도 한꺼번에 오를 수는 없으며, 첫 걸음부터 시작하기 마련이다. 첫 계단을 지나야 10번째, 100번째 계단에 다다르고, 목표했던 꼭대기에 도달할 수 있는 것이다. 모든 일에는 반드시 순서가 있다.

성공의 가도도 마찬가지다. 하나씩 차근차근 이루고, 다음 단계로 올라가야 한다. 절차를 무시하고 건너뛰려는 욕심이 화를 부를 수 있다는 것을 명심하라. 한편 그때그때 주어진 기회를 놓치지 않고 내 것으로 만들어야 한다. 기회는 좀처럼 자주 오지 않으며, 때를 놓치면 다시 잡기 어렵다.

노력 앞에서 공평한 가치,
정직과 성실

Honesty and integrity are absolutely essential
for success in life. The really good news is that
anyone can develop both honesty and integrity.

정직과 성실은 성공과 관련해 대단히 핵심적인 요소이다.
진정으로 좋은 소식은 성실과 정직 둘 다
누구나 개발할 수 있다는 것이다.

|

지그 지글러Zig Zigler
미국의 유명 동기부여 연설가이자 작가

사람이 정직해야 주변 사람들의 신뢰를 얻을 수 있고, 그래야
만 도움을 받을 수 있다. 현대사회를 관계의 사회라고 할 만큼
인간관계가 중시되는 세상에서 정직이라는 가치는 매우 중요
한 것이다. 성실함이란 어쩌면 주위 사람들에게 믿음을 줄 수
있는 또 하나의 가치이다.

어떤 일을 하든 성실하지 않고 성공할 방법은 요행밖에 없다.
누구와의 경쟁에서도 결국은 성실한 사람이 승리한다. 다행히
도 정직과 성실은 누구나 노력 여하에 따라 후천적으로 가질
수 있는 가치다.

결단을 앞둔
사람에게

The one unchangeable certainty is that
nothing is unchangeable or certain.

절대로 변하지 않을 확실한 한 가지가 있다면,
변하지 않거나 확실한 것은 아무것도 없다는 사실이다.

|

존 F. 케네디 John F. Kennedy
미국의 35번째 대통령

거의 모든 종교에서 세상에 영원한 것은 없다고 가르친다. 법
도 시간과 장소에 따라 변한다는 상대적 특성을 가지고 있다.
우리는 때때로 사이버 범죄처럼 과거엔 범죄가 아니었으나 현
재는 범죄가 되거나, 간통처럼 그 반대의 경우를 보곤 한다. 뿐
만 아니라 영원할 것 같은 절대적 진리조차도 변하지 않거나
사라지지 않는 것이 아님을 경험하고 있다. 그래서 모든 것이
변한다는 것은 가장 확실한 진리라고 할 수 있다.

그래도 해 보고
후회하는 게 낫다

I am not discouraged,
because every wrong attempt discarded is
another step forward.

버려진 모든 잘못된 시도도 또 다른 일보 진전이기 때문에
나는 실망하지 않는다.

|

토머스 앨바 에디슨 Thomas Alva Edison
세계에서 가장 많은 발명을 남긴 미국의 발명가이자 사업가

같은 실수를 반복하거나 실수로부터 배우지 못한다면 문제가
되겠지만, 대부분의 사람들은 대체로 자신의 실수에서 얻은
학습의 결과로 같은 실수를 또 다시 하지 않는다. 발명에 실패
하더라도 그 원인을 확인함으로써 다음에 같은 실패를 거듭
하지 않는다면 이전보다 훨씬 진전되고 발전되었다고 할 수 있
는 것이다. 그래서 무언가를 해 보고 후회하는 것이 하지 않아
서 후회하는 것보다 낫다고 하지 않는가.

건강은 건강할 때
우정은 깨어지기 전에

True friendship is like sound health;
the value of it is seldom known until it is lost.

진정한 우정은 건전한 건강과 같은 것이어서
잃을 때까지 그 가치를 잘 알지 못한다.

|

찰스 케일립 콜튼 Charles Caleb Colton
19세기 영국의 성직자, 작가, 수집가

건강에 대한 경고 중의 하나가 건강은 건강할 때 지켜야 한다는 것이다. 건강을 잃은 후에는 회복하기도 쉽지 않지만 회복되더라도 비용과 시간과 고통을 수반하게 된다. 때로는 너무 늦어서 회복할 수가 없을 때도 생긴다.

문제는 건강을 잃기 전에는 그 중요함을 잘 알지 못한다는 사실이다. 건강을 잃어봐야 건강의 중요성을 깨닫게 된다. 우정도 마찬가지다. 있을 때는 친구의 가치를 잘 느끼지 못하고, 곁에 없을 때 비로소 친구가 생각나고 고마움을 느끼기 일쑤다.

삶의 매 순간이
값진 경험이다

I'd rather regret the things I've done than
regret things I haven't done.

하지 않은 것을 후회하기보다는
했던 일을 후회하는 편이 낫다.

|

루실 볼 Lucille Ball
미국 여배우이자 연출가

우스갯소리로 누군가가 '결혼은 해도 후회, 안 해도 후회하는
데 그래도 해 보고 후회하는 편이 낫다'고 하지 않았던가. 우리
의 삶을 뒤돌아보면 잘못한 일에 대한 후회가 많지만 하지 않
은 일에 대한 후회도 많다. '왜 공부를 열심히 하지 않았을까',
'좀 더 열심히 할걸', '술을 조금만 마셨으면 사고 치지 않았을
텐데' 등등 누구나 살면서 두고두고 후회스러운 일 하나쯤은
있을 것이다. 그래도 하지 않은 것을 후회하기보다는 해 보고
후회하는 편이 좋다.

해 보지 않은 것들에 대한
후회가 밀려올 때

Regret for the things we did can be tempered by time;
it is regret for the things we did not do that is inconsolable.

우리가 한 일에 대한 후회는 시간이 지남에 따라
완화될 수 있으나, 진정으로 위로할 수 없는 것은
우리가 하지 않은 일에 대한 후회이다.

|

시드니 J. 해리스 Sydney J. Harris
미국의 칼럼니스트이자 언론인

세상을 살면서 가장 후회스러운 것은 아마도 무언가 하지 못한 것이나 하지 않은 것에 대한 후회일 것이다. 사실, 하지 않았거나 못했던 일들일수록 나중에 더 안타까운 마음이 들기 쉽다. 잘못한 일에 대해서는 그 결과도 분명하므로 원인과 이유를 알 수 있고, 다시는 그런 실수를 하지 않겠다고 다짐하게 된다. 그러나 하지 않았거나 못했던 일은 그 결과도 예측할 수 없기에 '그랬더라면 더 좋지 않았을까'라는 생각을 하게 되고, 그래서 더 안타까워지는 것이다.

물건이나 돈보다
경험에 투자하라

Experiences are savings which a miser puts aside.
Wisdom is an inheritance which a wastrel can not exhaust.

경험은 알뜰한 사람이 모아 두는 저축이고,
지혜는 방탕한 사람도 탕진할 수 없는 유산이다.

|

카를 크라우스Karl Kraus

노벨상을 수상한 체코 출신의 오스트리아 작가, 언론인

부지런하지 않으면 생쥐에게도 먹을 것이 없게 된다. 인간에게
도 하나하나 차곡차곡 경험하지 않고는 지식을 터득하고 지
혜로워지는 데 한계가 있다. 많은 것을 몸소 경험하는 것처럼
훌륭한 학습은 없다.

지식은 소통되고 전수될 수 있지만 지혜는 그렇지 않다. 스스
로 체득해야 하는 것이다. 이렇게 몸소 터득한 지혜는 마르지
않는 샘물처럼 결코 닳아 없어지지도 않고 누가 뺏어갈 수도
없을 큰 유산이다.

우리의 삶은 우리가 노력한 만큼
가치 있으리

My mission in life is not merely to survive,
but to thrive; and to do so with some passion,
some compassion, some humor, and some style.

인생의 사명은 단순히 생존하는 것이 아니라
목표를 위해 나아가는 것, 그것도 얼마간의 열정, 동정, 해학
그리고 모양새를 가지고 목표를 향해 나아가는 것이다.

마야 안젤루Maya Angelou
미국의 시인, 작가이자 여배우

단순히 생명만을 부지하는 것이 인생이라면 불행한 삶이지 않
을까. 더 극단적으로는 짐승보다 나을 게 뭐가 있을까. 미국의
심리학자 매슬로우도 생존과 같은 생리적 욕구를 인간의 욕
구 중 가장 낮은 단계로 규정하지 않았던가.
인간의 삶은 어쩌면 이상을 추구하고 성취하는 데 그 가치가 있
지 않을까. 그것도 목표를 향한 열정을 가지되 다른 사람을 이
해하고 공감하면서 웃음을 잃지 않은 채 보기 좋은 방법으로
나아가는 것이 우리가 바라는 삶의 의미이자 사명이 아닐까.

끝날 때까지
끝난 게 아니다

If we begin with certainties, we shall end in doubts;
but if we begin with doubts, and are patient in them,
we shall end up in certainties.

우리가 확신으로 시작한다면 의문으로 끝나게 되지만,
우리가 의문으로 시작하고 인내한다면 확신으로 끝내게 된다.

|

프랜시스 베이컨Francis Bacon

데카르트와 함께 근세철학의 개척자로 알려진 영국의 철학자이자 정치인

옛말에 '믿는 도끼에 발등 찍힌다'는 말이 있다. 무언가 또는
누군가를 확신하게 되면 작은 것에도 실망과 의심을 하게 되
고, 반대로 주의를 기울이지 않게 된다. 어느 경우에든 철저하
지 못해서 실망스러운 결과나 관계를 낳기 쉬워진다.
반면에 확실하지 않은 일을 접하거나 사람을 대할 때 선입견을
걷어내면 처음부터 주의를 더 기울이기 마련이어서 신중하게
판단할 수 있고 실수도 적다.

세상은 고통만큼
그것을 뛰어넘는 기쁨으로도 가득하다

The real reason for not committing suicide is because you
always know how swell life gets again after the hell is over.

자살하지 않는 진짜 이유는 지옥이 끝나면 우리의 삶이
얼마나 우아해지는가를 항상 알고 있기 때문이다.

어니스트 헤밍웨이 Ernest Hemingway

『노인과 바다』의 저자로 1954년 노벨문학상을 수상한 미국의 소설가

우리나라가 OECD 국가 중에서 자살률이 가장 높다고 한다.
매우 슬프고 안타까운 일이다. 아마도 지금 겪고 있는 지옥 같
은 고통만 보고 그다음에 오는 삶의 아름다움을 보지 못해서
일 것이다. '고진감래苦盡甘來'라고 '고생 끝에 낙이 온다'고도
말하지 않던가. 힘들어도 우리가 삶을 영위하는 것은 이처럼
어둠 속에서 희망을 보기 때문이다.

두려움은 희망 없이 있을 수 없고,
희망은 두려움 없이 있을 수 없다

Never fear shadows.
They simply mean there's a light shining somewhere nearby.

결코 그림자를 두려워 마라. 그것은 단지 어딘가 가까이에
반짝이는 빛이 있다는 것을 알려줄 뿐이다.

|

루스 E. 렌켈Ruth E. Renkel
미국의 동기부여 연설가

그림자는 혼자 있을 수 없는 존재이다. 우리는 항상 빛과 그림
자를 동시에 이야기한다. 빛이 없다면 그림자도 있을 수 없으며,
빛이 있다면 어딘가에 반드시 그 그림자가 있기 마련이다. 우리
의 인생도 이에 비유되곤 한다. 밝음의 이면에는 어둠이 자리
하고 있으며, 어둠은 다른 한편으론 밝음이 있음을 암시하기
때문이다. 웃고 있는 얼굴 뒤에 숨은 어두운 그림자, 울고 있는
사람에게 희망이 되는 한 줄기 빛을 우리는 종종 발견한다.

변화의 소용돌이에서
살아남는 법

It is not the strongest of the species that survive,
nor the most intelligent,
but the one most responsive to change.

가장 강하거나 똑똑한 종이 살아남는 게 아니라
변화에 가장 잘 적응하는 종이 살아남는다.

|

찰스 다윈Charles Darwin

『종의 기원』을 저술한 영국의 진화생물학자

진화론에서는 '적자생존適者生存'을 강조한다. 이는 곧 환경에
적응하기 위해서 자신을 스스로 진화시키는 것을 의미한다.
필요 없는 것은 퇴화하고 필요한 것을 갖추도록 진화함으로써
변화하는 환경에 적응해 생존한다는 것이다.

물론 신체적으로 강하고 지적으로 우수한 종이 그렇지 못한
종에 비해 살아남을 확률이 더 높겠지만 종의 보존에 더 큰 영
향을 미치는 것은 결국 환경에 대한 적응력이라고 한다. 사회
생활에서도 결국 적응력이 뛰어난 사람이 살아남지 않는가.

행동하는 것이
존재의 이유

We are here to add what we can to life,
not to get what we can from life.

우리는 우리의 삶에서 무언가를 얻기 위해서가 아니라
무엇을 더 할 것인가를 위해 존재하는 것이다.

|

윌리엄 오슬러William Osler

Johns Hopkins 병원을 공동으로 설립한 1800년대 후반 캐나다의 의사

인생은 더하기다. 무언가 있는 데서 빼는 것이 아니라 더하는
것이다. 나이도, 신체도, 이야기 거리도 모두가 하나씩 더해가
는 것이지 빼는 것이 아니다. 하나하나 계급장처럼 더하는 것
이다. 이력을 더하고, 경력을 더하고, 학력을 더하고, 지식과 지
혜도 더하고, 친구를 더하고, 또 경험을 더하는 것이 인생이다.
뿐만 아니라 배우자를 더하고, 가족을 더한다. 직장에서는 직
책과 계급을 더한다. 인생은 더하기이지 빼기가 아니다.

후회하지 않으려면
기회가 있을 때 놓치지 마라

Live with no excuses and love with no regrets.
변명하지 않도록 생활하고, 후회하지 않도록 사랑하라.

|

몬텔 윌리엄스 Montel Williams
〈몬텔 윌리암 쇼〉로 유명한 미국의 방송인

변명처럼 구차한 것도 없다. 그것은 값싼 동정심에 기대어 책임
을 피해 보려는 얄팍한 꾀일 뿐이다. 변명하지 않기 위해서는
매사 최선을 다하는 수밖에 없다. 후회 역시 마찬가지다.

이루어지지 않은 사랑에는 반드시 후회가 따르기 마련이다. 그
중에서도 연인에게 좀 더 잘해주지 못한 것에 대한 후회가 가
장 많다. 있을 때 잘하라는 말이 왜 있겠는가. 사랑할 때는 후
회를 남기지 않는 것이 모든 연인들이 바라는 사랑일 것이다.

유연한 나무가
거센 태풍을 이겨 낸다

The youngman knows the rules but
old man knows the exceptions.

젊은 사람은 규칙을 알지만, 나이 든 사람은 예외를 안다.

|

올리버 웬들 홈스 Oliver Wendell Holmes, Sr.

미국 명문가 출신의 의학자, 문인이자 평론가

인생의 고비를 어떻게 극복하느냐는 경험의 문제이다. 젊은이들은 삶의 궤적이 길지도 많지도 굵지도 않아서 원칙에 충실할 수밖에 없지만 다양한 경험을 익힌 사람들은 세상엔 너무나도 많은 예외가 있다는 것을 안다. 이는 아마도 오랜 연륜을 쌓은 사람만이 가질 수 있는 삶의 융통성과 여유로움 그리고 다양성을 함축하는 말이다. 이는 곧 세상은 항상 원칙대로만 돌아가지 않으며, 많은 예외도 있기 마련이기에 삶을 통해 예외를 경험하게 된다는 뜻이기도 하다.

하루하루를 충실하게 산 자만이
누릴 수 있는 것

This is the highest wisdom that I own:
freedom and life are earned by those alone who conquer
then each day anew.

내가 가진 최고의 지혜: 자유와 삶은 매일매일을
새롭게 정복하는 사람들에게만 주어진다.

|

요한 볼프강 폰 괴테 Johann Wolfgang von Goethe
바이마르공화국에서 재상을 지낸 독일의 작가, 철학자

인간에게 없어서는 안 될 너무나 소중한 가치들이 많이 있지
만 그중에서도 아마 자유가 으뜸이지 않을까. 그래서 사회와
의 계약을 어기고 인륜과 도덕을 저버린 범죄자에게 내리는
가장 무거운 처벌이 바로 자유형自由刑 즉 자유를 박탈하는 것
이라고 생각한다.

그런데 자유는 그냥 주어지는 것이 아니라 스스로 쟁취하는
것이다. 하루하루를 새롭게 살고자 노력하고 그래서 자신의
생활을 스스로 정복할 수 있는 삶을 사는 사람만이 진정한 자
유를 누린다.

어디를 가든
마음을 다해 가라

Put your heart, mind, and soul into even your smallest acts.
This is the secret of success.

비록 가장 작은 행동이라 할지라도 자신의 가슴, 마음 그리고
영혼을 쏟아라. 그것이 바로 성공의 비결이다.

스와미 시바난다Swami Sivananda
힌두의 정신적 스승이자 요가 주창자

동물의 세계를 보면 평원의 맹수인 사자도 작은 먹잇감을 사
냥할 때조차 혼신의 힘을 다하는 모습을 볼 수 있다. 죽지 않
으려고 사력을 다하는 먹잇감을 사냥하려면 자신도 사력을 다
해야만 하는 것이다.

우리 인간 세상에서도 크고 작은 것에 관계없이 무언가에 성
공하기 위해서는 사냥하는 사자처럼 자신의 모든 것을 다 걸
어야 한다. 그래서 절박함과 간절함이 없이는 이길 수 없다고
이야기하는 것이다.

오래 버티는 이에게
당할 자 없다

Perseverance is a great element of success.
If you only knock long enough and loud enough at the gate,
you are sure to wake up somebody.

인내는 성공의 위대한 요소이다.
누구나 문을 충분히 오래 그리고 크게 두드린다면
분명히 누군가를 깨울 수 있다.

|

헨리 워즈워스 롱펠로우 Henry Wadsworth Longfellow
『인생 찬가』로 유명한 미국의 시인

'열 번 찍어 넘어지지 않는 나무 없다'라는 말이 있다. 무언가 끈기 있게, 꾸준하게 하면 안 되는 일이 없다는 의미일 것이다. 여기서 한 가지 추가한다면 그냥 대충대충 오래도록, 끈기 있게만 해서는 안 되며, 최선을 다해서 노력해야 한다. 누군가의 방문을 크게 그리고 오래도록 두드리면 아무리 깊게 잠든 사람이라도 깨울 수 있다는 것이다. 우리네 인생에서도 무언가에 충분히 오래, 그것도 최선을 다한다면 원하는 바, 기대하는 바를 이룰 수 있다는 의미일 것이다.

하늘은 스스로 돕는 자를 돕는다

The pessimist complains about the wind;
the optimist expects it to change; the realist adjusts the sails.

기회주의자는 바람을 불평하고,
낙관주의자는 바람이 바뀌기를 바라며,
현실주의자는 항해를 조정한다.

|

윌리엄 아서 워드 William Arthur Ward
〈리더스다이제스트(Readers Digest)〉 등의 잡지에 기고문을 쓰는 미국의 작가

불평한다고 부는 바람을 멈추게 할 수 없으며, 이는 마치 요행을 바라는 것에 지나지 않는다. 바람의 방향이 바뀌기만을 바란다고 방향이 바뀔지, 언제 바뀔지 모를 일이다. 이는 감을 따려고 하지 않고 감나무 밑에서 감이 떨어지기만 기다리는 것과 같다. 바람이 불면 바람을 탓하기만 하거나 요행만을 기다리기보다 그 바람에 적응하거나 오히려 바람을 이용하는 방법을 찾는 것이 가장 현실적인 자세일 것이다.

역경에 처했을 때의 미덕은 인내이다

Patience is the companion of wisdom.

인내는 지혜의 동반자다.

|

성 아우구스티누스 Saint Augustine
서방 기독교의 교부로 존중받는 주교이자 신학자

인내란 참고 견디는 것이다. 어렵고 힘든 일이나 시간 또는 상황을 참아 내고 견뎌 내는 것이다. 현대 사회에서 겪고 있는 수많은 사건, 사고들도 어쩌면 인내하지 못하는 데서 오는 문제일지 모른다. 참지 못하고 '욱'하는 성격 때문에 크고 작은 사고를 저지르기도 하고, 최근 사회 문제로까지 대두되고 있는 '보복운전'도 그런 이유에서일 것이다. 인내는 달지 않고 쓰다고 하지만 그래서 더욱 인내하는 자가 더 현명한 사람이고 인내와 지혜는 동반자인 것이다.

인생은 담대한 모험

셋,

초지일관,
성공의 비결

살면서 한 번쯤은
정상에 서보라

It's better to be a lion for a day than a sheep for all your life.
평생 양으로 살기보다는 하루라도 사자로 사는 것이 더 낫다.
|
엘리자베스 케니 Elizabeth Kenny
운동요법을 창시한 호주의 간호사

동서양을 막론하고 이상적으로 여기는 삶의 태도나 방식은 거의 비슷한가 보다. 우리는 '용의 꼬리가 되기보다는 닭의 벼슬이 되는 것이 더 낫다'라고 한다. 용의 꼬리라면 자신의 의지대로 움직이지 못하고 머리가 가는 대로만 끌려다니지만, 닭의 벼슬은 비록 작더라도 우두머리로서 자신의 뜻대로 움직일 수 있기 때문일 것이다. 마찬가지로 오래 살지는 모르지만 늘 쫓기며 살기보다는 단 하루를 살아도 밀림의 왕자로 사는 삶이 더 좋다는 뜻이다. 가늘고 길게 살기보다 짧고 굵게 사는 게 낫다는 것인데, 이에 대한 의견은 각자의 몫이지 싶다.

작은 성취가 쌓여야
더 큰 성취를 이룰 수 있다

If you wish to reach the highest, begin at the lowest.
가장 높은 곳에 이르기를 바란다면 가장 낮은 곳에서 시작하라.

|

푸블릴리우스 시루스Publilius Syrus
고대 로마의 작가

'천 리 길도 한 걸음부터'라는 말이 있다. 또는 가장 높은 계단에 오르기 위해서는 첫 계단부터 밟아서 올라가야 한다는 말도 있다. 무엇이든 기초가 튼튼해야 더 높이 쌓을 수 있다는 것이다. 이런 말을 종합하면 높은 곳일수록 첫 계단부터, 먼 길일수록 첫걸음부터 떼야 하고, 높이 쌓고 싶을수록 기초를 튼튼히 해야 함은 당연한 것이다. 뿐만 아니라 조급한 마음에 또는 욕심에 첫걸음과 첫 계단을 건너고 싶어 하면 모래 위에 성을 쌓는 격이 되어 오히려 무너지기 쉬워진다.

명성이란 때때로 그것을 쫓는 사람으로부터 멀리 달아나 버린다

A fool flatters himself, a wise man flatters the fool.
바보는 자신을 돋보이게 하고,
현명한 사람은 바보를 돋보이게 한다.

|

애드워드 G. 불워리튼 Edward G. Bulwer-Lytton
대학교 총장과 상원의원을 지낸 영국의 작가

흔히들 정말 잘난 사람은 잘난 척할 필요가 없다고 한다. 오히려 모자라는 사람일수록 때로는 자격지심에서, 때로는 피해의식에서, 때로는 헛된 생각에서 자신을 과장하고, 자신을 앞세우고, 거드름을 피우기 일쑤다. 그래서 아마 빈 깡통이 더 요란하다고 이런 부류의 사람들을 질책했을 것이다.

그러나 현명한 사람이라면 자신이 잘났다고, 똑똑하다고, 현명하다고 하지 않아도 세상이 그렇게 우러러볼 것이기에 오히려 자신보다 못한 사람도 더 현명한 사람으로 만들게 된다. 자고로 현자 밑에 우둔한 사람 없다고 하지 않는가.

오늘의 실수를 그냥 흘러보내지 말고
반드시 기억하라

The best lessons we learn are learned from past mistakes.
The error of the past is the wisdom and success of the future.

최고의 학습은 과거의 실수로부터 배우는 것이다.
과거의 잘못은 곧 미래의 지혜요, 성공이기 때문이다.

데일 터너 Dale Turner
미국의 싱어송라이터이며 록 음악가, 연주가

가장 바보스럽고 모자라는 사람이 같은 실수를 반복하는 사람이라고 한다. 사람은 누구나 해 보지 않았던 새로운 일을 하려다 보면 실수할 수 있다. 하지만 지혜로운 사람, 현명한 사람은 같은 실수를 또 하지는 않는다고 한다. 오히려 실수를 거울삼아 무엇이 잘못되었으며 어떻게 하면 실수를 또 하지 않을까를 배우게 된다. 심지어 남의 잘못을 보고 같은 실수를 하지 않도록 학습해야 하는 마당에 자신의 실수조차 학습의 기회로 삼지 못한다면 문제가 아닐 수 없다.

시련 속에서
성공의 기회를 만나기도 한다

Character can not be developed in ease and quiet.
Only through experience of trial and suffering can the soul
be strengthened, ambition inspired, and success achieved.

사람의 성격이란 쉽고 조용하게 발전되는 것이 아니다.
오로지 고통과 실험의 경험을 통해서만 정신은 강해지고,
야망은 영감을 받고, 성공은 성취될 수 있는 것이다.

헬렌 켈러 Helen Keller
인문학 학사학위를 받은 최초의 시각, 청각 중복 장애인 작가, 교육가, 사회주의운동가

그 사람이 어떤 사람인지, 그 사람을 대변하는 기질과 특성이
무엇인지, 어떤 성향과 성격을 가진 사람인지 등 한 사람의 속
성은 하루아침에 그것도 별다른 노력도 없이 형성되는 게 아니
라는 의미이다. 마치 해변의 몽돌처럼 수많은 시간 동안 셀 수
없을 만큼 많이 물과 바람에 씻기고 다듬어진 결과인 것이다.
한 사람의 성격도 많은 경험과 그 경험의 과정에서 오는 고통
을 감내한 결정체이다.

최선을 다한 사람만이
진정한 성취를 기대할 수 있다

The man who has done his level best... is a success,
even though the world may write him down a failure.

자신이 할 수 있는 최선을 다한 사람은 비록 세상이 실패로
기록하더라도 성공한 사람이다.

ㅣ

B. C. 포브스 B. C. Forbes
〈Forbes〉를 발행한 미국 출판 기업인

'진인사대천명盡人事待天命'이라는 고사성어가 있다. 사람이 해야
할 일을 다 한 다음에는 하늘의 뜻에 맡겨야 한다는 뜻으로,
자기 일에 최선을 다해 성실히 해야 한다는 것을 강조하는 말
이다. 세상이 말하는 성공을 거두지는 못했을지라도 최선을 다
한 사람은 의미 있는 삶을 살았다고 할 수 있다. 반면에 일을 건
성으로 하면서 요행만 바라는 사람 그리고 최선을 다하는 척
시늉만 내는 사람은 하루살이와 다를 바 없다.

우선순위를 정해
일을 처리하라

Wisdom is knowing what to do next; virtue is doing it.

지혜는 다음에 해야 할 일을 아는 것이고,
미덕은 그 일을 행하는 것이다.

|

데이비드 스타 조던David Starr Jordan
스탠포드대학교 초대 총장이자 인디애나대학교 총장

지혜로운 사람은 해야 할 일과 하지 않아야 할 일을 구별할 줄
안다. 따라서 자신의 일을 미리 계획하여 실천하기 마련이다.
반대로 그렇지 못한 사람들은 계획이 없이 되는 대로, 아니면
막무가내로 생각 없이 행동하기 쉽다. 그러나 계획만 하고 행
동하지 않는다면 말뿐인 사람이 되어 결코 지혜롭다고 할 수
없을 것이다. 결국 지혜로운 사람은 자신이 할 일을 알고, 그것
을 실천하는 사람이다.

문제점은 때때로 우리에게
가르침을 주기도 한다

Problems are not stop signs, they are guidelines.
문제점은 정지 신호가 아니라 지침이다.

|

로버트 슐러 Robert H. Schuller
미국의 텔레비전 선교사이자 목사

인생사가 뜻하는 바대로 아무런 장애물 없이 일사천리로 이어
질 수 있다면 얼마나 좋을까마는 그렇지 않은 게 또 세상일이
다. 문제는 여기서 시작된다. 어떤 문제점에 봉착했을 때 사람
들은 더 이상 가서는 안 될 것으로 알고 거기서 중단하고 만다.
그러나 일을 하다 직면하게 되는 그런 문제점은 일을 가로막는
정지 신호가 아니라 그렇게 해서는 안 된다는 가르침이다. 그런
문제점을 피해서 일을 제대로 수행하기 위해 따라야 하는 일
종의 지침이라는 것이다.

작은 꿈을 이루고 나면
더 큰 꿈을 품어라

The greater danger for most of us lies
not in setting our aim too high and falling short;
but in setting our aim too low and achieving our mark.

우리들 대부분의 문제는 목표를 지나치게 높게 잡아서
그 목표에 이르지 못하는 것이 아니라,
목표를 지나치게 낮게 잡고 그만큼의 성취에 만족하는 것이다.

미켈란젤로 Michelangelo
르네상스시대 이탈리아의 대표적 조각가, 화가, 시인

대부분의 사람들은 '용두사미龍頭蛇尾' 즉 머리는 용인데 꼬리
는 뱀이 되는 것을 좋지 않게 생각한다. 물론 시작은 크게 해놓
고 그 끝은 형편없다면 소리만 요란했지 결과가 없는, 소문난
잔치에 먹을 것 없는 경우가 될 수 있다. 처음부터 작은 꿈을 꾸
어 다 이루는 것도 나쁘지 않지만 더 큰 꿈을 꾸고 그것을 실현
해가는 과정을 즐기는 것도 좋다. 큰 꿈을 한 번에 다 이루지 못
하더라도 조금씩, 한 단계 한 단계 밟아 마침내 그 꿈을 이룬다
면 용두사미도 결코 나쁘지 않다. 목표가 너무 높다고 낮추기
보다는 목표에 다다르는 방법이나 길을 바꾸는 것이 낫다.

변화와 성장은 도전과 모험을 통해
이루어진다

It is by action that an organization develops its faculties,
increases its energy, and attains the fulfillment of its destiny.

조직의 능력을 개발하고, 에너지를 증대시키며,
목표의 성취를 가져다주는 것은 바로 행동이다.

|

콜린 파월Colin Powell
미국 최초의 흑인 합동참모본부 의장이자 국무장관을 지낸 인물

생각과 말만으로 이룰 수 있는 결과는 없다. 교육과 훈련이라
는 행동으로 조직과 그 구성원의 능력을 함양하고, 보상이나
복지를 베풀어 조직 구성원의 열정적 에너지를 증대시키고 발
산하도록 자극한다면 조직이 추구하는 궁극적인 목표를 성취
할 수 있을 것이다.

개인에게 행동하지 않는 양심은 의미도 가치도 없는 것처럼 행
동하지 않는 조직은 생명이 다한 것이나 다름이 없다. 그래서
조직이론이나 학문에서는 조직의 역동성을 중요하게 다루고
있지 않은가.

기회를 찾는 동시에
스스로 만들어낼 수 있어야 한다

Wise men make more opportunities than they find.
현명한 사람들은 기회를 찾는 것보다 더 많은 기회를 만든다.

프랜시스 베이컨Francis Bacon
데카르트와 함께 근대철학의 개척자로 경험주의철학을 창시한 영국의 철학자

기회를 찾는다는 것은 누군가에 의해서 이미 만들어진 것을
발견하는 것이라고 할 수 있다. 자기 자신이 기회를 만들기보
다 남들이 기회를 주기만을 기다리는 수동적인 자세로는 이
룰 수 있는 것이 적다.

물론 때로는 뜻밖의 기회가 주어지기도 하지만 그때는 이미
늦었거나 최상의 기회가 아니거나 또한 자신에게 딱 맞는, 자
신이 찾던 바로 그 기회가 아닐 수 있다. 당연히 자신에게 딱 맞
는 기회를 스스로 만드는 것이 가장 좋다.

큰 목표 뒤에
큰 기회가 있다

Shoot for the moon. Even if you miss it,
you will land among the stars.

달을 표적으로 하라. 비록 달을 놓치더라도
별 중의 하나에 다다를 것이다.

|

레스 브라운Les Brown
미국 오하이오 출신의 정치인, 라디오 DJ, 작가이자 동기부여 연설가

겸손한 사람들은 흔히 '용두사미龍頭蛇尾'라는 말로 헛된 꿈을
경계했다. 용의 머리만 한 큰 꿈을 꾸고서 실제로는 뱀의 꼬리
에 지나지 않는 보잘것없는 결과를 이루는 경우를 두고 한 말
이다. 그러나 '용두사미'가 항상 실망스러운 결과만을 의미하
는 것은 아니다. 처음부터 아주 작은 꿈을 꾸어 다 이루었다 해
도 '용두사미'라고 비웃었던 뱀 꼬리만 한 꿈이 더 클 수도 있다.
대통령과 같이 하나밖에 없는 달을 목표로 하다 보면 하다못
해 여러 명의 장관이나 국회의원이라도 될 수 있지 않을까.

당신이 생각하는 한계는
결코 진짜 한계가 아니다

Winners never quit and quitters never win.
승리하는 사람들은 결코 포기하지 않으며,
포기하는 사람은 절대로 승리할 수 없다.

|

빈스 롬바르디 Vince Lombardi
미국의 프로미식축구팀 그린베이 패커스의 전설적인 감독

어떠한 경쟁이나 경기든 승리는 쉽게 오지 않는다. 경기할 때
나 경쟁할 때 또는 목표를 향해 나아갈 때 이겨야 할 경쟁 상
대가 있고, 넘어야 할 언덕이 있으며, 극복해야 할 장애물이 있
기 마련이다. 이럴 때 승리하는 사람은 실패하더라도 다시 시
작하거나 대안을 찾아서 다시 도전하지만 포기하고 돌아서는
사람은 낙오하고 실패하게 된다.

옛말에도 가다가 아니 가면 가지 않는 것만 못하다고 했다.
100미터 경주에서 50미터만 뛰고 만다면 절대로 이길 수 없지
않은가. 물조차 100도가 아닌 99도에는 끓지 않는다.

평범한 사람과
미래지향적인 사람의 차이

The highest achievers in the world all succeeded
because they mapped out their visions.

세상의 모든 최고 성취자들은 자신의 미래상을
면밀히 계획했기 때문에 성공했다.

|

대런 하디 Darren Hardy
미국의 작가, 연설가이자 매거진 〈SUCCESS〉의 발행인

비전은 결국 앞을 내다볼 줄 아는 안목과 그것을 실천하기 위한 전략이라고 할 수 있다. 자신을 미래의 변화 추세에 맞추어 미리 준비할 수 있고, 준비한 대로 계획과 전략, 전술을 실천하고 실행하기 때문에 아무런 생각 없이 계획을 준비하지 못한 사람보다 한참 앞서갈 수 있는 것이다. 비단 앞서기만 하는 것이 아니라 예상되는 문제와 어려움도 미연에 방지하거나 효율적으로 대처할 수 있다. 이렇듯 미래지향적인 사람은 장애와 난관에 봉착하더라도 능히 헤쳐 나갈 수 있기 때문에 성공할 수밖에 없는 것이다.

승리는 가장 끈기 있는 자에게 돌아간다

It's not whether you get knocked down,
it's whether you get up.

넘어지느냐 넘어지지 않느냐가 중요한 게 아니라
넘어져서 일어나느냐 일어나지 못하느냐가 중요하다.

|

빈스 롬바디 Vince Lombardi
미국 프로미식축구의 전설적인 감독

성공과 실패를 단순히 넘어짐과 넘어지지 않음에 비유한 것이
아니다. 누구나 자신의 꿈과 목표를 추구하다 보면 때로는 돌
부리에 걸려서 넘어지기도 하고 가파른 언덕에 직면하기도 하
며, 까마득한 절벽을 마주하기도 한다.

어떤 사람이 성공할 것인가 실패할 것인가는 넘어진 이후에 판
가름 난다. 성공할 사람은 넘어졌을 때 다시 일어서서 재도전
하지만 실패할 사람은 그 자리에 주저앉고 말기 때문이다. 성
공하는 사람들에게는 끈질긴 생명력이 있다.

준비하지 않는 것은
실패를 예약한 것이나 다름없다

Give me 6 hours to chop down a tree and
I will spend the first four sharpening the axe.

장작을 패라고 6시간을 준다면,
나는 처음 4시간을 도끼를 가는 데 쓸 것이다.

|

에이브러햄 링컨Abraham Lincoln
남북전쟁과 노예제를 끝낸 미국의 16번째 대통령

이 명언은 바로 철저한 준비의 중요성을 일러준다. 도끼가 무디
다면 장작을 잘 팰 수가 없을 것이다. 시간이 걸리더라도 도끼
를 잘 갈아서 날을 세워야 도끼질이 잘될 것이고 장작을 잘 팰
수 있기 때문이다.

주어진 시간의 절반 이상을 도끼 가는 데 소비한다면 장작을
팰 시간이 부족하지 않을까 걱정할 수 있으나, 그 시간은 낭비
나 소모가 아니라 투자라고 생각해야 할 것이다. 못난 목수가
연장 탓한다지만 연장을 탓하기 전에 미리 좋은 연장으로 준
비하면 될 것이다.

실패를 통해 배운 교훈은
성공만큼의 가치가 있다

Failure is simply the opportunity
to begin again more intelligently.

실패는 단순히 더 지능적으로 다시 시작하기 위한 기회이다.

|

헨리 포드 Henry Ford

포드자동차를 창립한 미국의 기술자, 사업가

실패가 실패로만 끝난다면 정말 실패이다. 그렇지만 현명한 사
람, 지혜로운 사람, 성공한 사람들은 그 실패로부터 배우고 기
회를 얻는다고 한다. 왜, 무엇이 잘못되었기에 실패했는지 그
원인을 꼼꼼히 분석하고 새로운 대안을 찾아서 다시 도전한
다. 반대로 실패하는 사람은 항상 실패로 끝나기에 같은 실수,
실패를 반복하게 된다.

오랫동안 꿈을 그리는 사람은 마침내 그 꿈을 닮아 간다

Setting goals is the first step in turning
the invisible into the visible.
목표를 설정하는 것은 눈에 보이지 않는 것을
눈에 보이는 것으로 전환시키는 첫 단계이다.

|

토니 로빈스Tony Robbins
미국의 동기부여 연설가, 재정설계사, 인생 코치

어떤 일이든 시작이 중요하다. 무언가를 하기로 결정했다면 목
표를 세우는 것이 그 첫걸음일 것이다. 목표를 세운다는 것은
어쩌면 자신의 꿈을 형상화하는 것이다. 꿈을 현실화시키기 위
해서는 막연하게 생각할 것이 아니라 눈으로 보는 것처럼 구
체적으로 그릴 수 있어야 한다.

자신의 꿈을 그리는 것 그 자체가 바로 보이지 않는 것을 보이
도록 하는 것, 즉 가시화시키는 것이다. 목표가 없다면 아무것
도 그릴 수 없다.

성공이 목표가
될 수 없는 이유

Don't aim for success if you want it;
just do what you love and believe in, and it will come naturally.

성공을 원한다면 성공을 목표로 삼지 마라.
그냥 자신이 사랑하고 믿는 것을 하면
성공은 자연스럽게 올 것이다.

|

데이비드 프로스트 David Frost
영국의 언론인, 작가이면서 코미디언, 방송인

그냥 어쩔 수 없이 하는 사람이 결코 열심히 하는 사람을 당할
수 없고, 열심히 하는 사람이 즐기는 사람을 당할 수 없다고 한
다. 그래서 흔히들 자신이 하는 일을 사랑하고 좋아한다면 성
공한 사람이라고 말한다.
자신이 하고 싶은 일을 하는 사람이 가장 행복한 사람이다. 무
엇이 되기 위해서 공부를 하고 일을 한다면 그것은 노역이고
고문에 가까운 것이다. 어떤 일이 좋아서 그 일에 전념하게 되
면 성공은 자연스럽게 따라온다.

큰 희망이 우리를
큰사람으로 이끈다

We are all in the gutter,
but some of us are looking at the stars.
우리 모두는 사회의 밑바닥에 있지만,
우리의 일부는 하늘의 별들을 바라본다.

오스카 와일드 Oscar Wilde
아일랜드의 극작가, 소설가, 시인

이제 개천에서 용이 나는 시대가 지났다고 얘기하는 사람들이 많다. 개천에서 용이 되어 하늘로 올라간다는 것은 세상에 자신의 위치를 높이고 알린다는 것이며, 곧 출세를 의미한다. 개천에 사는 많은 생물 중에 누구는 용이 되어 승천하고 누구는 그냥 개천에 남아 있어야 한다. 용이 되어 승천하는 생명체는 하늘을 바라보고 날기 위한 날갯짓을 준비했기 때문에 날 수 있는 것이다. 누군가가 달을 목표로 해야 별에라도 닿을 수 있다고 했고, 하늘을 봐야 별을 딴다고 하지 않았는가.

위대한 꿈을 실현하려면
위대한 희생과 노력이 따른다

He who would accomplish little must sacrifice little;
he who would achieve much must sacrifice much;
he who would attain highly must sacrifice greatly.

작은 것을 성취하는 데는 작은 희생이 따르고,
큰 것을 성취하기 위해서는 큰 희생을 감수해야 하며,
높이 도달하기 위해서는 커다란 희생을 해야 한다.

|

제임스 알렌James Allen
『생각하는 대로』를 비롯해 주로 영감을 주는 책을 쓴 영국의 철학적 작가

'노력으로 흘린 땀은 거짓말을 하지 않는다'라는 말을 들어 본
적 있을 것이다. 이 말은 내가 무언가를 이루기 위해 노력한 만
큼 결실을 거둘 것이라는 의미를 담고 있다. 곧 무언가를 이루
기 위해서는 그만큼의 노력 또는 희생이 따르게 마련임을 일
러주는 것이다.

아무런 노력이나 희생도 하지 않으면서 꿈이 이루어지기를 바
라는 것은 요행을 바라는 기회주의자에 지나지 않는다. 한 분
야에 전문가가 되기 위해서는 적어도 1만 시간을 쏟아야 한다
는 말콤 글래드웰의 '1만 시간의 법칙'도 바로 이런 점을 강조
하는 것이다.

꿈을 낮추기 전에
절차를 조정하라

When it is obvious that the goals can not be reached,
don't adjust goals, adjust the action steps.

**목표가 달성될 수 없음이 분명해진 경우, 목표를 조정하지 말고
실행 단계를 조정하라.**

|

공자 孔子
중국 춘추시대 정치가, 사상가이자 교육가

계획했던 모든 목표가 그대로 다 성취된다면 얼마나 좋을
까. 목표가 성취되기보다는 그렇지 못한 경우가 더 많을 것이
다. 이 경우 대부분의 사람은 자신의 목표가 너무 높았다고 목
표를 낮추곤 한다. 설상 목표를 낮게 잡아 성취하더라도 이는
'용두사미' 즉 용을 꿈꾸다가 뱀을 그린 꼴밖에 안 된다. 꿈을
낮추기보다는 먼저 꿈을 이루기 위한 노력이나 방법, 절차를
되짚어 보고 수정·보완하며, 목표를 이루는 시기나 단계를 새
롭게 잡는 편이 낫지 않을까.

진정한 복수를
하기 위해

The best revenge is massive success.
최고의 복수는 당당한 성공이다.

|

프랭크 시나트라Frank Sinatra
'My Way'를 부른 가수이자 영화 〈지상에서 영원으로〉의 조연배우

누구에게나 살다 보면 복수하고 싶은 사람이나 사건이 생기게 된다. 그러나 보복은 또 다른 보복을 낳는다. 더욱이 피의 보복이라면 더더욱 문제가 아닐 수 없다. 종교에서는 우리에게 상처를 준 사람에게 복수하기보다 그들을 용서하라고 이야기한다. 불교계의 큰 스승인 달라이 라마는 "용서는 자기 자신에게 베푸는 가장 큰 선물"이라고 말했다. 나에게 상처를 준 사람을 용서하지 못하면 나만 가슴앓이를 하는 고통을 겪어야 한다. 그러니 상대를 용서하되 잊지는 마라. 그리고는 보란 듯이 크게 성공하는 것이 진정한 승자의 복수다.

꿈꾸는 한
언젠가 이루어진다

If one advances confidently in the direction of his dreams,
and endeavors to live the life he has imagined,
he will meet a success unexpected in common hours.

꿈을 향해 자신 있게 나아가고, 자신이 상상해온 삶을
살고자 노력한다면, 기대하지 못했던 성공을 맛보게 될 것이다.

|

헨리 데이비드 소로 Henry David Thoreau
미국의 철학자이자 시인, 수필가

우리가 꿈꿀 수 있는 모든 것들은 이루어질 수 있다. 꿈은 종
종 현실과 무척 동떨어져 보이기에 실현될 가망이 없어 보일
때도 있고, 마치 무지개를 좇듯 허망한 기분이 들 때도 있다.
하지만 꿈을 이루고자 하는 것은 무지개를 좇는 것과는 다르
다. 저 멀리 보이는 무지개를 따라가 보면 그것은 또 다른 곳으
로 사라지고 말지만, 꿈은 사라지지 않는다. 당신이 꿈을 포기
하지 않는다면 말이다. 자신이 꿈꾸는 방향으로 달리다 보면
언젠가는 그 꿈에 도달하게 된다.

스스로에
한계를 두지 마라

Don't let life discourage you;
everyone who got where he is had to begin where he was.

삶에 낙담하지 말라. 모든 사람은 지금의 위치에 오기 위해
과거의 위치에서 시작해야만 했다.

|

리처드 L. 에번스 Richard L. Evans
영국의 역사학자

성공은 결코 벼락 치듯이 하늘에서 갑자기 떨어지지 않는다.
태어날 때는 우리 모두가 3~4kg에 불과한 작은 존재였다. 걸
음마를 시작해 말을 배우고, 글을 익혀서 지금의 자신으로 성
장해온 것이다. 천 리 길도 한 걸음부터 시작하며, 인생도 성공
의 사다리를 처음부터 하나하나 오르는 것이다.
정상을 정복한 산악인도 맨 아래에서부터 시작하여 정상에
이르렀다. 힘들게 산을 오르고 있다고 실망할 필요가 없다. 내
려오는 사람도 밑에서부터 올라갔기에 지금 내려오는 것이다.

자신을 믿고
우직하게 밀고 나가라

The greatest accomplishment is not in never falling,
but in rising after you fall.

가장 위대한 성취는 결코 넘어지지 않는 것이 아니라
넘어진 후에 다시 일어나는 것이다.

빈스 롬바르디Vince Lombardi
미국의 프로미식축구팀 그린베이 패커스의 전설적인 감독

인간이 위대한 것은 쓰러져도 다시 일어나기 때문이다. 성공하
는 사람과 그렇지 못하는 사람의 차이는 여러 가지가 있겠으나
가장 중요한 하나만 꼽으라면 단연코 재기, 즉 쓰러지고 넘어
져도 다시 일어나느냐 주저앉느냐에 달렸다고 할 수 있다.
다시 일어나는 사람은 성공하고 성취하고 목표에 도달하지만
포기하는 사람은 끝내 고지에 다다르지 못하고 만다. 역경 속
에서 쓰러지더라도 칠전팔기의 정신으로 다시 일어나는 사람,
오뚝이처럼 새로 시작하는 사람만이 진정으로 꿈을 이룰 수
있다.

성공이란 온 마음을 다해 무언가를 할 때 뜻하지 않게 찾아온다

Strive not to be a success, but rather to be of value.
성공하려고 애쓰지 말고, 가치 있는 사람이 되려고 노력하라.

|

알버트 아인슈타인Albert Einstein
상대성 이론으로 1921년 노벨물리학상을 받은 독일 태생의 이론물리학자

성공에는 다양한 종류가 있으며, 성공으로 이르는 길도 여러 가지다. 성공과 실패를 가르는 데도 사람들마다 의견이 다르지만, 중요한 것은 '누가, 어떤 성공을, 어떻게 성취하였는가'이다. 성공 그 자체도 중요하지만 사람에 따라 성공한 삶이란 어떤 것인가에 대한 기준이 다를 뿐더러 성공에만 집착하다 보면 때로는 비겁하고, 일탈적이거나 비윤리적인 선택을 할 수도 있다. 가장 순수하고 진실한 의미의 성공이란 어쩌면 사회에, 인류에 가치 있는 사람이 되는 것일지 모른다.

어깨의 짐이 무거울수록 그로 인해
당신은 더 성장하리라

One way to keep momentum going is
to have constantly greater goals.

여세를 이어가는 한 가지 방법은
꾸준하게 더 큰 목표를 세우는 것이다.

마이클 코다Michael Korda
〈사이먼 앤 슈스터(Simon & Schuster)〉의 편집장을 지낸 영국 태생의 작가요, 소설가

운동 경기에서는 항상 분위기라는 것이 작용한다. 경기에 이기기 위해서는 상승 분위기를 계속 이어 가야 하며, 지고 있다면 전세를 역전시키기 위해서라도 분위기를 반전시켜야만 한다. 우리 인생에서도 마찬가지다. 특히 목표했던 것을 다 이루게 되면 긴장이 풀리고 더 이상 동기가 없어져 추진 동력을 상실할 수도 있다. 따라서 분위기를 계속 유지하고 동력을 잃지 않기 위해서는 성취한 목표보다 더 큰 목표를 세우고 매진하는 것이 좋다.

인생에서 무엇이
독이 되고 약이 될지는 겪어봐야 안다

Prosperity belongs to those who learn new things the fastest.
번영은 새로운 것을 가장 빠르게 습득하는 사람의 몫이다.

|

폴 제인 필저Paul Zane Pilzer
미국의 경제학자이자 사회적 기업인

어떤 분야이건 성공하거나 경쟁자를 이기기 위해서는 그들보다 앞서지 않으면 안 된다. 경쟁자보다 더 많이, 더 빨리 배울 건 배우고, 필요한 정보를 획득해야 함은 물론이고 남들이 하지 않는 것, 남들이 할 수 없는 것을 먼저 하는 선각자적 안목도 필요하다.

앞을 보는 눈으로 미래를 예견하고 그 미래를 미리 준비해야 한다. 흔히 미래는 준비하는 사람의 것이라고 하지 않던가. 미래를 준비하는 것은 오늘과 달라질 내일에 잘 적응하기 위함이다. 새로운 것을 빨리 잘 습득하여 적응하는 것이 성공의 지름길인 것이다.

무엇을 하든 주의 깊게,
진득하게 파고들어라

The first requisite of success is the ability
to apply your physical and mental energies to
one problem without growing weary.

성공의 첫 번째 전제 조건은 지치지 않고 한 가지 문제에 대해
육체적, 정신적 에너지를 쏟을 수 있는 능력이다.

|

토머스 앨바 에디슨 Thomas Alva Edison

세계에서 가장 많은 발명품을 발명하고 GE를 설립한 발명가이자 기업인

세상일이 뜻대로 되지만은 않지만, 대부분 끈기 있는 사람이
이긴다. 끈기란 한 가지 일에 끝까지 몰두하고 집중할 수 있는
능력이다.

공부를 잘하기 위해서는 엉덩이가 무거워야 한다고 하는데 이
는 육체적, 정신적으로 끈기가 있어야 공부를 잘할 수 있다는
뜻이다. 어떤 분야에서 일가를 이루려는 사람이라면 하나의
문제나 일에 모든 것을 쏟아부을 수 있을 만큼 강해야 한다.

위대한 열정이
우리를 위대한 일로 이끈다

Success is the ability to go from failure to failure
without losing your enthusiasm.

성공이란 열정을 잃지 않고 실패를 거듭할 수 있는 능력이다.

|

윈스턴 처칠 Winston Churchil
영국의 수상을 지낸 정치인

많은 사람이 단 한 번의 실패에도 좌절하고 포기한다. 누군가
인생의 가장 위대한 성취가 바로 넘어지고 쓰러졌을 때 다시 일
어나는 것이라고 했다.

'열 번 찍어 안 넘어가는 나무 없다'라는 말도 사실은 포기하지
않으면 언젠가 목적을 이룰 수 있다는 것을 강조하는 말이다.
오뚝이처럼 실패해도 다시 일어나서 또 도전하는 용기와 열정
을 가지는 것이 바로 성공의 조건이자 성공 그 자체라는 것이다.

머물러 있으면
세상은 변하지 않는다

Progress is impossible without change,
and those who cannot change
their minds cannot change anything.

변화가 없는 진전은 있을 수 없으며,
자신의 마음도 변화시키지 못하는 사람이라면
아무것도 할 수가 없다.

|

조지 버나드 쇼 George Bernard Shaw
1926년 노벨 문학상을 수상한 아일랜드의 문학가이자 비평가

진전은 글자 그대로 앞으로 나아가는 것이다. 현재에 안주하
면서 앞으로 나아갈 수는 없는 노릇이다. 진전이란 결국 오늘
보다 나은 내일을 위한 변화이다. 변화하지 않으면서 현재보다
나아지기를 바라는 건 요행이다.

나 스스로 한 발자국의 진전을 위한 한치의 변화도 꾀하지 못
하면서 타인이나 세상을 변화시킬 수는 없을 것이다. 나부터
변하고 남들을 따르게 하고 세상을 변하게 해야 하지 않을까.

모든 사람이
같은 출발 선상에서 뛰지 않기에…

Success is to be measured not so much
by the position that one has reached
in life as by the obstacles which he has overcome.

성공이란 자신의 인생에서 성취한 지위보다는
극복한 장애로 측정되는 것이다.

|

부커 T. 워싱턴Booker T. Washington
1800년대 후반 미국 흑인 교육자이자 사회운동가

세속적 기준으로만 본다면 한 사람이 오른 지위가 성공의 잣
대가 되곤 한다. 그러나 자수성가로 지위를 얻은 사람도 있지
만 그렇지 않은 사람도 많다. 이런 이유로 진정한 성공의 척도
는 지위의 높낮이가 아니라 그 사람이 헤쳐온 세상과 삶의 여
정에서 극복한 각종 어려움과 장애의 정도로 평가해야 한다.
같은 지위라도 신체적, 지적 장애를 가진 사람을 더 훌륭하게
평가하는 이유도 여기에 있는 것처럼 말이다.

당장 먹기에는
곶감이 달다

Don't judge each day by the harvest you reap
but by the seeds that you plant.

하루하루를 거두어들인 수확이 아니라
뿌린 씨앗으로 판단하라.

|

로버트 루이스 스티븐슨 Robert Louis Stevenson
『지킬 박사와 하이드』, 『보물섬』 등의 작가인 영국의 대표적 소설가

아무리 세상사가 효율성이 지배하는 사회가 되었다지만 모든
것이 결과로만 평가되어서는 안 되는 것 또한 사실이다. 효율
성 면에서는 결과, 즉 수확이 제일 중요하지만 장기적으로 보
면 꼭 그렇지만은 않다.

우선 먹기는 곶감이 달다고 다 빼 먹으면 남는 것이 없듯 당장
좋은 것을 취하고자 장래에 미칠 영향을 생각하지 못한다면
내일은 없다. 오늘 뿌린 씨앗이 훗날 더 많은 결실을 약속하는
것이기에 거둔 수확보다 뿌린 씨앗이 더 중요하다.

성공을 맞이하기 위한 준비운동

There are no secrets to success.
It is the results of preparation,
hard work and learning from failure.

세상에 성공의 비결은 없다. 다만 준비하고 열심히 노력하며,
실패로부터 배운 결과일 따름이다.

|

콜린 파월 Colin Powell
미국 최초의 흑인 합참의장과 국무장관을 지낸 군인이자 정치인

많은 사람이 성공의 지름길을 찾고자 하지만, 성실함과 꾸준한 노력이 뒷받침되지 않은 성공이란 모래 위에 지은 성처럼 위태로울 것이다. 철저하게 준비하고 열심히 노력하며, 그래도 실패하면 그 실패로부터 학습하여 같은 실패를 반복하지 않도록 대비해야 한다.

미래는 준비하는 사람의 몫이라고 한다. 운동할 때 준비운동을 하고, 노래할 때 목을 푸는 것처럼 모든 일에는 사전준비가 필수다.

머리를 맞대면
지혜가 곱절이 된다

Coming together is a beginning, keeping together is
a progress, working together is a success.
함께 모이는 것이 시작이고, 계속 함께하는 것은 진전이며,
함께 일하는 것은 곧 성공이다.

|

헨리 포드 Henry Ford
포드 자동차의 설립자

과연 자동차 생산에서 생산성과 효율성을 높이는 획기적인
발명을 한 사람다운 말이다. 포드는 자동차 생산을 극대화하
기 위해 컨베이어벨트라는 새로운 조립 라인을 설치하고 운용
한 장본인이다. 이를 위해서는 혼자가 아닌 여러 사람이 함께
일을 해야 한다.

세상에는 혼자 할 수 있는 일보다 함께해야 하는 일들이 더 많
으며, 혼자보다는 함께할 때 시너지 효과로 인하여 생산성과
효율성을 더 높일 수 있다. 여러 사람의 지혜를 모으면 덧셈이
아니라 곱셈이 된다.

실패를 두려워 말고
도전, 또 도전하라

Success is not final, failure is not fatal,
it is the courage to continue that counts.

성공이 마지막도 아니며, 실패가 숙명도 아니다.
중요한 것은 계속할 수 있는 용기이다.

|

윈스턴 처칠Winston Churchill
영국 총리를 지낸 정치인

한 번 성공했다고 그 성공이 영원한 것은 아니다. 마찬가지로
한 번 실패했다고 그것을 팔자나 운명, 숙명으로 받아들일 필
요도 없다. 실패했던 사람이 다시 일어서서 성공하는 경우가
있는가 하면, 성공했던 사람이 한순간에 몰락하는 경우도 있
기 때문이다.

지금은 성공했다고 평가받는 사람도 현재에 안주하다가 몰락
할 수 있으며, 실패를 맛본 사람도 그것을 거울삼아 학습한다
면 재기할 수 있다. 성공에 안주하지 않고 계속해서 노력하는
사람 그리고 실패에도 포기하지 않고 계속 도전하는 용기를
지닌 사람이 진정 성공한 사람이다.

고난을 이겨 낸 성공이야말로
가장 값진 성취다

I don't measure a man's success by how high he climbs but
how high he bounces when he hits bottom.

한 사람의 성공을 올라간 지위가 아니라
어려움에서 재기한 높이로 측정하라.

|

조지 S. 패튼 George S. Patton
제2차 세계대전 당시 활약한 미 육군 전차부대 장군

지위가 높아지거나 재산을 불린 사람을 우리는 통상적으로
성공했다고 한다. 물론 지위의 획득과 부의 축적이 나쁘다는
것은 아니다. 다만, 그 사람이 어디서 시작해 어떻게 지금의 부
나 지위에 이르렀는지 전혀 묻지 않은 채 결과만 놓고 성공을
논하는 것을 경계하자는 말이다. 요사이 흔히 회자되는 금수
저, 흙수저 논란처럼 서로의 출발점이 다른 현실을 고려하지
않은 것이다. 그러니 한 사람의 성공을 이야기할 때는 시작부
터 지금의 위치까지 타고 올라온 사다리의 높이로 평가하는
것이 마땅하다.

무엇이 가치 있는가를
배운다

The aim of education is the knowledge
not of facts but of values.

교육의 목표는 사실이 아니라 가치를 아는 것이다.

|

윌리엄 잉 William Ralph Inge
영국의 신학자이자 작가

교육이란 가르치는 것과 배우는 것을 일컫는다. 배움이건 가르침이건 무엇을 위하여 가르치고 배우며, 왜 배우고 가르치는가는 사람에 따라 너무나 다양하다. 누구는 무언가를 이루기 위하여, 무언가가 되기 위한 수단으로 배우며, 누군가는 배움 그 자체가 좋아서 배움의 길을 가기도 한다.

진정한 배움은 그 목적이 아니라 목표가 중요하며, 배움의 목표도 따라서 새로운 사실을 알아가는 것이 아니라 무언가의 가치를 알아가는 것이어야 한다.

최고가 되고 싶다면
온 힘을 다해 열정을 쏟아부어라

I've failed over and over again in my life
and that is why I succeed.

일생 동안 실패를 거듭했고, 그것이 내가 성공한 이유다.

|

마이클 조던Michael Jordan
미국 프로 농구 역사상 최고의 선수

사실 마이클 조던이 농구계의 전설이 되었지만 고교 시절만 해
도 그렇게 두각을 보이지 못했다고 한다. 그러던 그가 농구계
의 전설이 될 수 있었던 것은 바로 끊임없는 연습 때문이었다.
3점 슛을 성공시키기 위해 얼마나 많은 실패를 거듭했겠는가.
수많은 실패를 하면서 자신만의 방식을 터득했을 것이다. 많
은 실패를 경험하지 않았다면 그렇게 많은 연습을 할 필요도
없었을지 모른다. 그토록 열심히 노력하지 않았다면 지금의 전
설이 아닌 그저 그런 마이클 조던으로 끝나지 않았을까.

사람은 시련을 통해
강해진다

The size of your success is measured by the strength
of your desire; the size of your dream;
and how you handle disappointment along the way.

성공의 크기는 욕망의 강도, 꿈의 크기 그리고
그 과정에서 있을 수 있는 실망에 어떻게 대처하는가로
측정되는 것이다.

로버트 기요사키|Robert Kiyosaki
『부자 아빠, 가난한 아빠』의 저자

성공의 여부는 성공하고자 하는 욕망이나 욕구가 얼마나 강
한가 즉 얼마나 간절하고 절박한 것인가가 가장 중요한 전제일
지 모른다. 사람은 무언가에 간절하고 절박함을 가지면 초인적
인 힘을 발휘하기도 한다. 그런데 그러한 간절함도 사실은 이
루고자 하는 꿈의 크기에 따라 달라진다.

너무 큰 꿈은 실현이 불가능해서, 너무 작은 꿈은 성취욕이 작
아서 간절해지거나 절박해지기 어렵다. 또한 꿈이 크고 절박할
수록 실현되지 않을 때 실망 또한 커지기 마련이어서 그 실망
을 극복하고 다시 도전하려는 의지가 있다면 두 번 실패하지
않을 수 있다.

의지, 열정, 열망이
재능을 압도한다

The difference between a successful person and others
is not a lack of strength, not a lack of knowledge,
but rather a lack of will.

성공한 사람과 그렇지 못한 사람의 차이는 장점이나
지식의 부족이 아니라 오히려 의지의 부족에 있다.

|

빈스 롬바르디 Vince Lombardi

미국의 프로미식축구팀 그린베이 패커스의 전설적인 감독

사람의 능력에는 그리 큰 차이가 없다고들 한다. 흔히 성공한
사람이 성공하지 못한 사람보다 장점과 강점 그리고 지식이 더
많기 때문에 성공할 수 있었을 것이라고 단정하기 쉽다. 물론
뛰어난 능력을 갖춘 사람이 평범한 수준의 능력을 갖춘 사람
보다 성공할 가능성이 상대적으로 더 높을 것이라고 예상할
수 있다. 그러나 사실 성공의 여부는 능력보다는 오히려 성공
하고자 하는 의지, 열정, 열망, 결단력 같은 것에 더 크게 좌우
된다. 강력한 의지가 성공의 열쇠이자 비결인 것이다.

성공은
자유와 편리를 보장한다

There is only one success –
to be able to spend your life in your own way.

성공은 오직 하나뿐이다. 자신의 방식대로
삶을 영위할 수 있느냐는 것이다.

|

크리스토퍼 몰리 Christopher Morley
「트로이의 목마」를 집필한 소설가

자본주의 사회에서는 흔히 성공의 척도를 자본, 즉 돈으로 삼는다. 자본주의 체제에서 성공한 사람은 돈이 있으면 안 되는 일이 없고, 못할 일도 없다고 생각한다. 속물적이기는 하지만 어찌 보면 전혀 틀린 말은 아니다. 돈이란 돌고 돌아서 있을 때도 있고, 없을 때도 있는 법이지만 돈이 있으면 편하고 없으면 불편하다.

출세해서 지위가 올라가고, 부자가 되고, 권력이 생기면 자신의 의지대로 살 수 있는 선택의 폭은 더 넓어진다. 이런 면에서 성공은 삶의 편리함, 자유의지 그리고 자기 삶의 방식을 견지할 수 있게 해 준다.

한 번의 성공이
끝까지 가리란 보장은 없다

Success is a lousy teacher.
It seduces smart people into thinking they can't lose.

성공은 비열한 스승이어서, 성공한 사람으로 하여금
결코 지지 않을 것이라고 생각하도록 부추긴다.

|

빌 게이츠Bill Gates
마이크로 소프트 사를 창업한 미국 기업인

작은 성공에 도취하면 결국은 실패하게 된다. 성공이라는 달
콤함이 때로는 성공한 사람들로 하여금 자만하거나 나태해지
도록 만든다. 한 번의 작은 성공이 전부인 양 다시는 실패하지
않을 것으로 착각하게 한다. 진정한 성공은 그 성공을 지속하
는 것이다.

계속 성공하기 위해서는 자만과 나태함이 가장 큰 장애물이
다. 성공은 늘 경쟁의 산물이다. 경쟁에서는 이길 수도 있지만
질 수도 있다. 질 수 있다는 것을 인지하지 않고 준비하지 않는
다면 결코 계속해서 성공할 수 없다.

세상사는 모두 다
마음먹기에 달렸다

Always bear in mind that your own resolution to succeed
is more important than any other.

성공하겠다는 자신의 결의가 다른 어떤 것보다
중요하다는 것을 명심해야 한다.

|

에이브러햄 링컨Abraham Lincoln
남북전쟁과 노예제를 끝낸 미국 16대 대통령

새해만 되면 누구나가 새로운 결의를 다짐한다. 이를 서양 사
람들은 'New Year's Resolution'이라고 한다. 우리 역시 새해가
시작될 때마다 금연한다거나 체중을 빼겠다는 등 새로운 결
심을 한다. 물론 대부분은 결심만 하고 실천은 흐지부지되곤
한다. 작심삼일이라고 결의가 채 3일도 못 간다는 것이다. 결국
어떤 일이건 그 결과는 자신의 결의, 결심에 달렸다. 결의에 찬
자세로 임하면 못 할 일도, 안 될 일도 없다.

성공은 능력보다
태도에 달려 있다

Success is simple.
Do what's right, the right way, at the right time.

성공이란 간단한 것이다.
올바른 것을 올바른 시간에 올바른 방법으로 하면 된다.

|

아놀드 글래소우 Arnold Glasow
미국의 기업인, 저술가, 유머 작가

성공이란 자신에게 맞는 바른 일을, 그 일을 해야 할 시간에 제대로 한다면 누구에게나 가능한 것이다. 그렇다면 실패하는 원인은 어디에서 찾을 수 있을까? 자신에게 맞지 않거나 해서는 안 되는 일을 한 것은 아닌지, 제대로 된 올바른 일이라도 제시간에 하지 않아서 일을 망친 것은 아닌지 되돌아보자. 또한, 알맞은 시기에 해야 할 일을 하더라도 방법이 잘못되거나 틀려서 실패하는 경우도 있다. 일반적으로 해야 할 일만 제대로 잘해도 욕먹을 일이 없다. 하지만 그렇지 못하다면 비난을 면하기 어려울 것이다.

실패를 통해 배운
교훈에 감사하라

Success is not a good teacher,
failure makes you humble.

성공은 훌륭한 스승이 아니며, 실패는 우리를 겸손하게 만든다.

|

샤룩 칸Shahrukh Khan

인도의 유명 배우, 연출자이자 방송인

성공이 훌륭한 스승이 아니라는 것은 아마도 사람을 자만하
게 하거나 성공에 도취하게 하여 더 이상의 발전을 막고 제자
리걸음을 하게 만들기 때문일 것이다. 성공은 노력과 경쟁의
결과로 얻는 것일 텐데 만약 더 이상 노력하지 않는다면 경쟁
에서 이길 수 없고, 경쟁에서 이기지 못한다면 실패하는 것이
나 다름없다. 반대로 실패의 경험은 모든 일이 다 내 마음대로
되지 않는다는 것을 알게 해 주고, 자신을 되돌아보게 하며,
매사에 최선을 다해야 한다는 겸손을 일깨워 준다.

실패는 때때로 우리를 더욱 강하게
단련시키기도 한다

Develop success from failures. Discouragement
and failure are two of the surest stepping stones to success.

실패로부터 성공을 끌어내자. 실망과 실패가 성공을 향한
가장 확실한 두 가지 디딤돌이다.

|

데일 카네기 Dale Carnegie
미국의 자기계발서 작가이자 대화술 강사

실패해 본 사람만이 실패의 쓴맛을 안다. 실패로부터 크게 실
망해본 사람은 다음번에 더 분발하게 되며, 성공에 대한 열정,
열망을 더욱 키워 나간다.

비 온 뒤에 땅이 더 단단해지듯 어떤 사람들은 한차례 좌절을
겪은 후에 마음을 추스르고 자신을 더 강하게 채찍질하며, 더
철저하게 준비하고 대비한다. 이런 이유로 같은 실패를 반복하
지 않게 되는 것이다.

성공의 조건은
무엇인가

Success is a science:
if you have the conditions, you have the result.

성공은 하나의 과학이다.
조건이 충족되면 결과는 나오기 마련이다.

|

오스카 와일드 Oscar Wilde

『행복한 왕자』, 『석류의 집』의 저자인 아일랜드의 극작가이자 소설가

불교에서는 인연법이라고도 하는 인과관계의 법칙 즉 모든 일에는 원인이 있다는 말을 한다. 원인이 없는 결과란 있을 수 없다는 것이다. 대학에 합격하기 위해서는 성적이라는 조건이 충족되어야 하며, 마이클 조던처럼 대단한 실력을 갖춘 농구 선수가 되려면 엄청난 연습이 뒷받침되어야 한다.

무엇을 하든 그 분야에서 뛰어난 실력을 갖추려면 엄청난 시간과 노력을 들여야 한다. 성공도 이유 없이, 아무런 조건이 충족되지 않고는 오지 않는 것처럼, 조건도 노력하지 않고는 충족되지 않는다.

역경을 극복하는
능력이 성공을 완성한다

Success is falling nine times and getting up ten times.
성공이란 아홉 번 넘어지고 열 번 일어나는 것이다.

|

존 본 조비 Jon Bon Jovi
〈I'll be there for you〉라는 노래를 부른 미국 대중가요 가수

세상 누구라도, 심지어 빌 게이츠, 스티브 잡스, 케네디 대통령
처럼 아무리 성공한 사람이라 해도 평생 성공적인 삶만 살았
던 것은 아니다. 지금의 슈퍼스타들도 현재의 성공에 이르기
까지 힘들었던 시절을 경험하기 일쑤다. 사람이란 누구나 이런
저런 굴곡을 지나기 마련이다.

성공한 사람과 성공하지 못한 사람의 차이는 역경과 시련을
겪고 다시 일어나느냐 주저앉느냐로 나타난다. 그래서 우리는
칠전팔기 즉 일곱 번 넘어지고도 여덟 번째에 일어난다는 것
을 칭송하고 있지 않은가.

내가 변하지 않는 한
아무것도 달라질 게 없다

Whoever desire constant success must change
his conduct with the times.

누구라도 부단한 성공을 바란다면 시간의 흐름에 따라
자신의 행동을 변화시켜야 한다.

|

니콜로 마키아벨리 Niccolo Machiavelli
르네상스 시대 이탈리아의 사상가이자 정치 철학자

아동기의 성공과 청년기, 장년기 그리고 노년기의 성공은 같을
수가 없다. 서로 다른 성공이라는 목표를 추구하려면 당연히
다른 방식의 수단과 기회와 노력이 필요할 것이다. 발달 심리학
자들에 따르면 인간의 생애에는 각 성장 단계마다 반드시 이
루어야 할 발달 과업이 있다고 한다.

한 단계에서 발달 과업을 잘 수행하면 다음 단계의 과업 역시
훌륭하게 수행할 수 있는 기반을 다지게 되지만, 그렇지 못하
면 다음 단계의 성장이 정체되고 만다. 즉 발달 과업을 완수하
지 못한 단계에 머무르고 마는 것이다. 그렇게 되면 변화하는
세계에서 결코 성공할 수 없는 것은 너무나 당연하다.

아무리 큰 실수를 저질렀다 해도
항상 또 다른 기회가 있기 마련이다

Failure is success if we learn from it.
실패로부터 배울 수만 있다면 실패가 곧 성공이다.

|

말콤 포브스 Malcolm Forbes
〈포브스(Forbes)〉의 출판인 겸 사업가

살아오면서 귀에 못이 박히도록 들어온 말 중 하나가 바로 '실패는 성공의 어머니'라는 말일 것이다. 백번 맞는 말이다. 농구황제 마이클 조던도 셀 수 없을 만큼 많이 슛을 실패해봤기 때문에 더 많은 슛을 던졌을 것이고, 슛 성공률을 높이기 위한 더 좋은 방법을 찾았기에 농구 황제가 될 수 있었다. 결국 수많은 실패가 있었기에 성공할 수 있었던 셈이다. 여러 번 강조하지만, 실패에서 무언가를 배웠다면 그것은 결코 실패가 아니다. 오히려 한 번의 성공을 이루었지만 더 이상 배우려는 노력이 없는 것을 경계해야 한다.

실패는 무엇을 선택하고
무엇을 버려야 할지 알려 준다

In order to succeed, you must fall,
so that you know what not to do the next time.
성공하려면 다음번에 무엇을 하지 말아야 할지
알기 위해서라도 실패해봐야 한다.

|

앤서니 제이 디안젤로 Anthony J. D'Angelo
미국의 교육 사업가이자 작가

경험처럼 좋은 스승은 없다. 단 한 번의 작은 실패도 없이 성공만 할 수 있다면 그것처럼 달콤한 일은 없겠지만, 세상사가 그렇게 녹록하지가 않다. 우리가 무언가를 하기로 한 이상 결과가 좋든 나쁘든 그 선택은 돌이킬 수 없다. 다만 실패의 경험을 바탕으로 다음번에 더 나은 것을 선택할 수 있는 여지는 남아있다.

선택이란 취하는 것뿐만 아니라 버리는 것도 포함된다. 실패를 경험함으로써 다시는 해서는 안 될 일과 반드시 해야 할 일을 확실히 알게 된다.

최선을 다하는 것만으로
충분하지 않을 때도 있다

It is no use saying, 'we are doing our best',
you have to got to succeed in doing what is necessary.

**'최선을 다하고 있다'라고 말하는 것은 아무런 소용이 없으며,
해야 할 일을 하는 데 성공해야만 하는 것이다.**

|

윈스턴 처칠Winston Churchill
영국 총리를 지낸 정치인

당연히 언제 어디서나 무슨 일을 하든 자신이 할 수 있는 최선을 다해야 한다. 여기서 '최선을 다한다'는 말에는 두 가지 의미가 있다. 하나는 어떤 일을 할 때 자신이 할 수 있는 최대한의 능력을 발휘하는지에 대한 것이고, 다른 하나는 내가 그 일을 처리하는 방식이 과연 최선인가 하는 것이다.

자기 생각으로만 최선을 다하는 것으로는 부족하기 쉽다. 내가 최선을 다하더라도 결과가 나오지 않는다면 아무런 소용이 없다. 최선을 다할 뿐만 아니라 반드시 성공해야 하는 이유가 여기에 있다.

좋은 아이디어가 있다면
인내심을 가지고 밀어붙여라

Thought is the sculptor who can create
the person you want to be.

사고思考야말로 자신이 되고 싶어 하는 사람으로 만들어 주는
조각가이다.

|

헨리 데이비드 소로 Henry David Thoreau
〈월든〉의 작가인 미국의 철학자, 수필가, 시인

불교에서는 '일체유심조'라고 하여, 모든 것은 다 마음먹기에 달렸다고 설파한다. 결국, 어떤 생각을 하고 있느냐가 그 사람이 어떤 사람인지를 말해준다는 것이다. 되고 싶은 사람도 자신이 생각한 결과이고, 그 사람이 되기 위해 무엇을 어떻게 할 것인가도 자신이 생각하여 결정할 일이다. 이런저런 생각을 거쳐 자신의 모습을 그리고, 그 모습을 하나하나 조각해 나가는 것이다. 이런 사고가 사람을 간절하게 만들고, 그 간절함이 용기를 부여하며, 어떤 일에 몰두할 힘과 에너지를 제공한다.

모든 가능성이 사라진
그 순간이 기회

Success seems to be largely a matter of hanging on
after others have let go.

성공이란 대체로 다른 사람들이 손을 놓은 후에도
매달린 결과이다.

|

윌리엄 페더William Feather
미국의 출판가이자 작가

성공하는 사람과 성공하지 못하는 사람의 차이는 아마도 꾸
준함, 끈질김, 포기하지 않는 도전 정신과 같은 미덕이다. 중도
에 포기하면 처음부터 가지 않은 것보다 못하다. 우리가 어떤
일을 중간에 그만둘 때는 그 일 자체가 무산되는 것은 물론이
고, 그 일을 하기 위해 들였던 시간과 비용, 노력 역시 물거품이
되어버린다.

물이 끓기 위해서는 100도가 되어야지 99도로는 절대 끓지 않
는다. 깔딱 고개마저 넘어야 등정에 성공하는 것이지 한 발짝
이라도 모자라면 결코 정상에 올랐다고 말할 수 없다. 성공한
농구 선수는 대부분 마지막으로 연습장을 떠나는 선수이다.

어떻게 기다리는지 아는 사람이
모든 것을 얻는다

Success is the child of drudgery and perseverance.
It can not be coaxed or bribed; pay the price and it is yours.

성공은 단조롭고 고된 일에 대한 인내심의 산물이다.
감언이설이나 뇌물로 얻어질 수 있는 것이 아니기에
대가를 지불하면 자신의 것이 된다.

|

오리슨 스웨트 마든Orison Swett Marden
신사상 운동을 한 미국의 작가이자 성공적인 호텔 경영자

성공은 돈을 주고 살 수 없으며, 유혹하여 얻을 수 있는 것도
아니다. 끈기와 인내로 견디고 이겨낸 땀과 노력의 보상이다.
반복되는 힘든 일을 인내한 사람에게만 주어지는 선물인 것이
다. 누구나 그만한 대가를 지급해야만 얻을 수 있는 결과이
다. 생각해보라. 마라톤의 영웅들이나 8000m 고봉을 등정하
는 산악인이나 남극과 같은 극지를 정복하는 탐험 대원들이
바로 그와 같은 인내심의 산물을 만끽하지 않던가.

문제를 빨리 파악하고 개선한다면
성공이 머지않았다

The measure of success is not whether
you have a tough problems to deal with,
but whether it is the same problem you had last year.

성공의 척도는 해결해야 할 어려운 문제가 있는지의
여부가 아니라, 지난해에도 같은 문제를 안고 있었는지 여부이다.

|

존 포스터 덜레스 John Foster Dulles
미국 국무장관을 지낸 정치인이자 외교관

직장은 물론이고 사생활에서도 해결해야 할 아무런 문제가
없다면 성공적인 직장생활이고, 행복한 삶을 살고 있다고 할
수 있을 것이다. 모든 현안을 다 해결하여 아무런 문제도 없다
면 좋은 일이지만 그렇다고 그것이 성공을 입증하는 척도는
아니다.

만일 당신의 삶에 닥친 어떤 문제가 지난해에도 있었고, 현재
까지도 남아 있다면 당신은 그 문제를 해결하는 데 실패한 셈
이다. 진정한 의미의 성공은 같은 문제에 허덕이지 않는다.

마음껏 상상하고
성실하게 실행하라

A person with a new idea is a crank until the idea succeeds.
새로운 생각을 하는 사람은 그 생각이 성공하기까지는
별난 사람에 지나지 않는다.

|

마크 트웨인Mark Twain

『허클베리 핀의 모험』, 『톰 소여의 모험』, 『거지와 왕자』의 저자인 미국 소설가

이 말은 두 가지 의미로 해석될 수 있겠다. 먼저 성공하려면 새
로운 아이디어를 가져야 한다는 것이고, 다음으로 아무리 좋
은 아이디어라도 성공하지 못한다면 미친 사람 또는 괴짜로
불리고 말 것이라는 점이다. 그러나 이 말의 궁극적인 의미는
바로 '구슬이 서 말이라도 꿰어야 보배'라는 경구와 같은 것이
다. 아무리 빛나고 값비싼 보석이라도 쓸모 있게 만들어야 된
다는 것이다. 아이디어가 아무리 좋아도 실현 가능성이 없다
면 아무런 소용이 없다.

과정이 험난할수록
성공은 더욱 빛나는 법

Success is counted sweetest by those who never succeed.
성공은 전혀 성공하지 못한 사람들에게 가장 달콤한 것이다.

|

에밀리 디킨슨 Emily Dickinson
명상시를 주로 쓰는 미국 여류 시인

무릇 성공만 그럴까. 모든 물건이나 경험은 새로울수록 더 강렬한 것이다. 그래서 우리는 첫 경험, 첫 키스, 첫사랑 등 처음 해 보는 것에 대한 향수가 남다르지 않은가.

사람의 마음은 처음보다 두 번째가, 두 번째보다는 세 번째가 그 감흥과 감동, 충격과 느낌이 덜 하게 된다. 성공이라고 예외는 아닐 것이다. 한 번도 성공을 경험하지 못한 사람이 당연히 여러 번 성공한 사람에 비해 성공을 더 크게 느끼고 감사하게 받아들인다.

가난을 피하려면
재산을 늘리거나 욕망을 줄여라

*Poor is the man whose pleasures depend
on the permission of another.*

가난이란 자신의 쾌락이 상대방의 허락에 좌우되는 것이다.

마돈나Madonna
미국의 유명한 여성 팝 가수

인간은 본래 쾌락은 극대화하고, 고통은 최소화하려는 존재
인데, 누군가는 이를 공리적이라고 하고, 다른 누군가는 합리
적이라고 한다. 흔히들 '돈은 있으면 좋고 없으면 불편할 따름
이다'라는 말을 한다.

물론 옛날 가난한 선비들은 '청빈낙도'를 중요한 가치로 삼았
지만 대부분의 쾌락은 비용을 수반하게 마련이다. 먹고 마시
는 것처럼 기본적이고 생리적인 쾌락마저도 채울 수 없을 정도
로 가난하다면 스스로 해결할 수 없으며, 오로지 누군가의 배
려나 허락이 있어야 해결될 수 있다.

성공은 자신감을 고양하는
가장 확실한 방법이다

Success is not everything, but it makes a man stand straight.
성공이 전부는 아니지만, 사람을 당당하게는 한다.

릴리언 헬먼Lillian Helman
좌익 활동으로 유명한 미국 극작가

세속적 성공이건 정신적 성공이건 실패보다 못하진 않지만, 그렇다고 성공이 인생의 전부는 아니다. 성공한 사람이 다시 실패할 수도 있고, 실패했던 사람이 재기할 수도 있다. 그래서 성공은 절대로 마지막이 아니고 운명도 아니라고 한다. 그렇지만 성공한 사람은 자신은 물론이고 상대에게도 당당해질 수 있다. 스스로 정정당당하게 최선을 다하여 얻은 성공이라면 더욱 그렇다.

경쟁자의 성공을
탐내지 마라

It's our nature: Human beings like success
but they hate successful people.
성공은 좋아하지만 성공한 사람은 미워하는 것이
인간의 본성이다.

|

캐럿 톱Carrot Top
미국의 희극인이자 배우

인간의 경쟁의식은 본능에 가까울 정도로 예사롭지 않다. 그
래서 토머스 홉스가 우리 인간 사회를 '만인의 만인에 대한 투
쟁'이라고 표현했는지 모른다. 사람이라면 누구나 성공이라는
목적에 맞는 목표를 가지며, 그 목표를 추구하고 성취하기 위
하여 타인과 경쟁하게 된다.

때로는 성공을 차지하기 위해 나와 승부를 겨루는 경쟁자들
을 모조리 적으로 인식하고, 심하게는 제거해야 할 대상으로
여기기도 하는 이런 경쟁 사회에서 나보다 더 뛰어난 경쟁자의
존재가 반가울 리 만무하다.

어떠한 성공도
운이 따르지 않았다고 말할 수 없다

Those who have succeeded at anything
and do not mention luck are kidding themselves.

어떤 것이건 성공하고도 행운을 언급하지 않는 사람은
스스로를 놀리는 것이다.

|

래리킹Larry King
CNN의 〈Larry King Live〉를 진행하는 미국 언론인

아마추어 골퍼들이 즐겨 하는 말 중에 '운칠기삼'이라는 말이
있다. 골프 성적은 '운이 7이고, 기술과 실력은 겨우 3을 좌우
한다'는 말이다. 물론 과장된 표현이긴 하지만 골프처럼 세상
사 모두가 어느 정도의 운이 작용하는 것 같다.

때로는 우연이라는 말로 표현되기도 하지만 기왕이면 좋은 게
좋다. 잘 맞은 공이 푹 파인 스윙 자국에 박히는 불운과 잘못
맞은 공이 무언가에 맞고 그린 한복판으로 떨어지는 행운도
있기 때문이다.

인생은 겸손에 대한
오랜 수업이다

Be humble, but firm. Humility and openness are
the key to success without compromising your belief.

겸손하지만 단호하여라. 겸허함과 솔직함이
자기 신념을 양보하지 않고도 성공할 수 있는 열쇠이다.

|

조지 히켄루퍼George Hickenlooper
미국 다큐멘터리 영화 감독이자 제작자

자만이 실패의 원인이라는 말을 자주 듣게 된다. 작은 성공에
일부 사람들은 자만하고 태만하게 되어 급기야는 그 작은 성
공보다 더 큰 실패를 경험하게 된다. 사람은 항상 겸손해야 한
다. 그래서 예부터 겸양지덕을 강조하지 않았는가.
겸손하라고 해서 우유부단하거나 소극적이거나 수동적이어
야 한다는 것은 아니다. 오히려 겸손할수록 더욱 확고한 신념
과 판단력, 결단력이 더 필요하다.

성공은 유지하는 것이
더 힘들다

The toughest thing about success is
that you've got to keep on being a success.

성공과 관련하여 가장 어려운 것은
계속해서 성공해야 한다는 것이다.

|

어빙 벌린 Irving Berlin
러시아 출신 미국 작사가이자 작곡자

단 한 번의 성공도 어려운 일인데 무엇을 하건 항상 성공해야
한다는 것은 엄청난 부담을 짊어지는 일이다. 운동선수들은
챔피언이 되고 정상에 오르기까지 너무도 힘든 과정을 거치지
만, 챔피언 벨트와 정상을 지키는 것은 훨씬 더 힘들다. 더구나
주변의 기대와 그 기대에 부응해야 한다는 자신의 의무감이
더해져 정신적으로도 너무나 큰 부담을 느낀다. 하지만 벅찬
일이라고 생각되더라도 우선 시도해보는 것이 중요하다.

무지개를 보려면
비를 견뎌야 한다

Most people give up just when they are
about to achieve success.

사람들 대부분은 이제 막 성공을 성취하려고 할 때
포기하고 만다.

|

로스 페로 Ross Perot

미국 대선에 무소속으로 출마했던 기업인이자 정치인

마라톤을 할 때도 깔딱 고개라는 것이 있고, 등산을 할 때도
그렇다. 한 고개만 넘으면 정상에 오를 텐데 그 고비를 넘기지
못하여 실패하고 만다. 그래서 성공은 남들이 다 손을 놓고 말
때 끝까지 매달리는 사람의 몫이라고 한다.

미국 야구계의 전설인 요기 베라가 '끝날 때까지는 끝난 게 아
니다It ain't over until it's over'라고 일침을 가한 것도 다 그런 이유에
서이다.

열심히 노력하는 한
기회는 온다

Success is not a destination, but the road that you are on.
Being successful means that you are working hard
and walking your walk every day.
You can only live your dream by working hard towards it.

성공은 종착역이 아니라 지금 걸어가려고 서 있는 길이다.
성공적인 사람이 된다는 것은 매일 열심히 일하고,
자신의 갈 길을 열심히 걷고 있다는 의미이다.
오로지 꿈을 향해 열심히 일함으로써 꿈을 영위할 수 있다.

|

말론 웨이언스 Marlon Wayans
미국의 영화배우이자 감독, 작가

어떤 목표든 성취되었다면 성공이라고 말할 수 있을 것이다.
그러나 한 번의 성공을 마지막 또는 궁극적인 것으로 여기고
그것을 종착점이라고 생각한다면 더 이상의 발전이나 성취는
없게 된다. 그래서 성공을 평가할 때는 결과뿐만 아니라 과정
도 함께 보아야 한다. 누군가가 하루하루 최선을 다해 살고 있
다는 것은 자신의 길을 열심히 걷고 있다는 것, 즉 성공적인 삶
을 영위하고 있다는 증거다.

성공보다는 실수를 통해
더 많은 것을 배운다

It is fine to celebrate success,
but it is more important to heed the lessons of failure.

성공을 축하하는 건 좋지만, 더 중요한 것은
실패로부터 배운 것을 마음에 새기는 일이다.

|

빌 게이츠 Bill Gates
마이크로 소프트 사를 창업한 미국의 대표 기업인

어떠한 성공이든 축하하고 축하받을 가치가 있다. 성공하기 위
하여 투자한 시간, 노력, 열정에 대한 보상이기 때문이다. 다른
사람의 성공을 축하할 수 있어야 하며, 그의 성공에서 배울 점
이 있다면 기필코 내 것으로 만들어야 한다.

물론 타인의 실패를 교훈 삼아 나 또한 실수하지 않도록 점검
하는 것도 중요하다. 이것이 바로 타산지석이요, 반면교사이다.
더 중요한 것은 자신의 실패를 마음 깊이 간직하고 되새기며
같은 실패를 반복하지 않는 것이다.

간절한 꿈은
정말로 이루어진다

The road to success is not easy to navigate,
but with hard work, drive and passion,
it's possible to achieve the American dream.

성공의 길을 찾아가기란 쉽지 않지만, 근면, 욕망
그리고 열정만 있다면 꿈을 이룰 수 있다.

타미힐피거Tommy Hilfiger

미국의 패션 디자이너로 타미힐피거 브랜드의 창시자

성공에 이르는 길이 쉽다면 성공을 그렇게 갈망할 이유나 필
요가 없을지 모른다. 누구나 쉽게 성공할 수 있을 테니 말이다.
성공하기까지의 과정이 그만큼 힘들고 어려우므로 성공이 더
가치 있는 것인지 모른다. 하지만 성공에 대한 간절한 마음을
키우고, 온 마음을 다해 열정적으로 자신이 할 수 있는 최선을
다한다면 결코 불가능한 일은 아니다. 우리는 다들 '꿈은 이루
어진다'고 믿고 있지 않은가.

당신의 성공에 많은 사람의
도움이 있었음을 기억하라

No one who achieves success does so without
acknowledging the help of others.
The wise and confident acknowledge this help with gratitude.

다른 사람들의 도움 없이는 그 누구도 성공할 수 없다.
현명하고 확신에 찬 사람은 다른 사람의 도움을
감사한 마음으로 인정한다.

|

앨프리드 화이트 헤드 Alfred North Whitehead
영국의 수학자이자 철학자로 기호논리학의 대가

독불장군이 설 자리는 없다. 세상에는 혼자서 할 수 있는 일이
많지 않고, 혼자서 모든 일을 다 하는 것이 항상 바람직한 것
은 아니다. 우리는 예부터 상부상조하면서 서로 돕고 사는 것
을 미덕으로 여기며 살았다.

훌륭한 지도자는 구성원 한 사람 한 사람의 능력을 배가시키
고 결집해 더 큰 시너지 효과를 내게 하는 사람이다. 그게 바로
상부상조요, 상호 협력의 전형이다. 자신의 성공에는 주위의
도움이 반드시 필요하다는 사실을 겸허히 인식하고 감사할 줄
알아야 한다.

미치지 않고서는
결코 원하는 바를 이룰 수 없다

Desire is the key to motivation, but it's a determination
and commitment to an unrelenting pursuit of your goal
– a commitment to excellence –
that will enable you to attain the success you seek.

욕망이 동기의 열쇠이지만, 추구하는 성공을 가져다주는 것은
쉬지 않고 목표를 추구하는 데 대한 결심과 전념,
즉 우월성에 대한 전념이다.

|

마리오 안드레티Mario Andretti
미국의 Formula 1 자동차 경주자

누구나 무언가를 하기 위해서는 그만한 동기가 필요한 법이
며, 사람들에게 동기를 가져다주는 것은 다름이 아닌 욕망이
다. 그러나 욕망과 동기만으로 원하는 것을 성취할 수 있는 것
은 아니다. 내가 이루고자 하는 것을 실현하기 위한 결연한 결
심과 그 결심을 실행하기 위한 집중력이 필요할 뿐이다. 여기서
집중력이란 '일에 미쳤다'고 표현할 정도로 자신의 분야에 열
정적으로 파고드는 것을 말한다. 당신이 어떤 일을 하든 그 일
에 미치지 않는다면 목표에 도달할 수 없다.

위대한 일을 하려면
당신이 사랑하는 일을 찾아야 한다

The privilege to work is a gift, the power to work is a blessing,
the love of work is a success.

일할 수 있는 특권은 선물이요, 일할 수 있는 힘은 축복이며,
일을 사랑하는 것은 성공이다.

|

데이비드 맥케이 David McKay

『지속 가능한 에너지』의 저자인 영국 과학자

당신이 어떤 일을 하고 있든 지금 하는 일이 고달프다는 생각
이 들 때 이 말을 떠올려보자. 일하고 싶다고 누구에게나 일할
기회가 주어지는 것은 아니다. 또한 자신이 선택한 일을 하는
사람들이 다 그 일을 사랑하는 것도 아니다.

어떤 사람은 기회가 없어서, 자신이 원하는 일을 못 하기도 하
고, 또 어떤 사람은 자신이 원했던 일을 하게 됐음에도 그 일을
사랑하지 못하는 것이 현실이다. 그래서 자신이 원하는 일을
할 기회가 있고, 그 일을 충분히 잘해낼 능력을 갖췄으며, 또
그 일을 사랑한다면 세상에서 가장 행복한 사람이라고 할 수
있을 것이다.

진정한 성공은 자신이 좋아하는 일을 평생의 일로 삼는 것이다

The only place success comes before work is in the dictionary.
일보다 성공이 먼저인 곳은 사전뿐이다.

빈스 롬바르디 Vince Lombardi
미국의 프로미식축구팀 그린베이 패커스의 전설적인 감독

일하지 않고 성공할 수 있는 경우는 거의 없다. 영어 알파벳 순서상 성공의 S가 일의 W보다 앞에 나오는 것을 제외하고는 말이다. 성공은 일에 대한 보답이요, 보상이지 결코 그냥 주어지는 선물이나 요행이 아니다. 물론 기회주의자들은 일보다 요행을 바라지만 그건 글자 그대로 성공이 아닌 요행일 뿐이다. 자고로 성공이란 스스로 이룬 결과이다. 그래서 우리는 성공한 사람을 대체로 자수성가自手成家한 사람이라고 부르는 것이다. '자수성가'란 자기 스스로 일가를 이룬다는 뜻이다.

위기 속에 기회가
숨어 있다

A negative thinker sees a difficulty in every opportunity,
a positive thinker sees an opportunity in every difficulty.

부정적으로 생각하는 사람은 모든 기회 속에서도
어려움을 보고, 긍정적으로 생각하는 사람은
모든 어려움 속에서도 기회를 본다.

|

지그 지글러Zig Ziglar
영업사원 출신으로 성공한 미국의 동기부여 전문가이자 작가

위기라는 한자의 뜻을 풀이해보면 위험 속의 기회라는 뜻이
된다. 우리를 둘러싼 외부의 상황이 좋고 나쁘고는 선택할 수
있는 문제가 아니다. 하지만 동전에도 앞면과 뒷면이 있듯 거
의 모든 일은 긍정적인 면과 부정적인 면을 동시에 갖고 있다.
어려운 상황 속에서 위험 요인들에 매몰되어 마냥 위축된 상
태로 있을 것인지, 아니면 위기 속에 숨은 기회를 포착해 성장
과 발전의 발판으로 삼을 것인지는 우리의 선택에 달렸다.

우리는 실패하기 위해서가 아니라
성공하기 위해 태어난다

A little more persistence, a little more effort,
and what seemed hopeless failure
may turn to glorious success.

조금 더 많은 인내, 조금 더 많은 노력을 한다면,
절망적인 것 같은 실패가 영광스러운 성공으로 바뀔 수 있다.

|

앨버트 허버드 Elbert Hubbard
미국의 예술가이자 철학자, 출판인, 작가

일이 뜻한 만큼 다 이루어지지 않거나 사람이 기대에 조금 못
미칠 때 우리는 2%가 부족하다고 표현한다. '무한불성 무인불
승無汗不成, 無忍不勝'이라는 고사성어 또한, '땀을 흘리지 않고는
성공할 수 없고, 참지 않고는 이길 수 없다'고 전한다.
반대로 순간을 참지 못해서, 조금 나태해져서 중요한 기회, 일,
사람을 놓치는 경우를 종종 보기도 한다. 결국 모든 것은 조금
더 참고 견디며, 좀 더 많은 땀을 흘리는 사람의 몫이 된다.

기회는
준비된 자에게 온다

Success is where preparation and opportunity meet.
성공이란 준비와 기회가 만나는 것이다.

|

보비 운서Bobby Unser
미국의 전설적인 자동차 경주 선수

안타깝게도 기회라는 것은 모든 사람에게 공평하게 주어지
는 것이 아니다. 하지만 준비를 게을리 한 사람은 그 기회가 왔
는지조차 알지 못한다. 설사 알게 되더라도 대비하지 않았으니
기회를 날려 버리고 만다.

기회는 더 적극적으로 준비하고 계획한 사람들의 몫이다. 또
한, 기회가 왔을 때 자신의 실력을 유감없이 발휘하려면 눈에
보이는 것뿐만 아니라 모든 가능성을 염두에 두고 대비해야
한다.

참고 견디며 끈질기게 노력하면
못 이룰 것이 없다

Patience, persistence and perspiration make
an unbeatable combination for success.
인내, 끈기 그리고 노력이 성공을 향한 무적의 조합이다.

|

나폴레온 힐Napoleon Hill
미국의 세계적인 성공학 연구자

성공하지 못하는 이유야 셀 수 없이 많겠지만, 대부분은 힘든 시간, 힘든 일 그리고 힘든 상황이나 사람을 참고 견디지 못하기 때문이다. 세상에 좋은 사람, 시간, 상황만 있는 것이 아님을 알아도 그것을 참고 견디지 못하는 것이다.

달성하기 어려운 것일수록 성공도 커지는데 이런 일들은 대부분 단 한 번의 시도로 이루어지는 것이 아니다. 끈기 있게 도전해야만 만족할 만한 성과를 이룰 수 있다. 하지만 사람들 대부분은 중간에 포기하고 만다.

승리는
인내하는 자의 몫이다

Many of life's failures are people who did not realize
how close they were to success when they gave up.

인생에서 실패한 사람들 대부분은 그들이 성공에
얼마나 가까웠는지를 인식하지 못한 채 포기했던 이들이다.

|

토머스 앨바 에디슨Thomas Alva Edison
세계에서 가장 많은 발명을 남긴 미국의 발명가이자 사업가

높은 산을 오를 때도, 장거리 경주를 할 때도 항상 어딘가 한
번쯤은 포기하거나 쉬고 싶을 때가 있기 마련이다. 더욱이 산
을 오를 때는 마지막 고비를 넘겨야만 정상에 다다를 수 있다.
많은 사람이 그 고비를 넘기지 못하여 정상에 오르는 데 실패
하고 만다. 인생도 마찬가지다. 마지막 고비를 기다리지 못하거
나 참지 못해 그동안의 긴 여정과 노력이 물거품이 되고 마는
경우가 허다하다.

돈을 벌 수 있는
자유란

Money won't create success, the freedom to make it will.

돈이 성공을 만드는 것이 아니라,
돈을 벌 수 있는 자유가 성공을 가능하게 한다.

|

넬슨 만델라Nelson Mandela
인권 운동가로 남아공 최초의 흑인 대통령

자본주의 사회에서 돈은 많을수록 좋은 것으로 통한다. 돈이 많다고 성공한 인생은 아니며, 반대로 돈이 없다고 실패한 인생이라 할 수도 없다. 하지만 경제적으로 여유가 있는 사람이 그렇지 못한 사람보다 인생에서 다양한 경험을 해 볼 기회가 많은 것이 사실이다. 그런 점에서 '돈이 돈을 번다'는 말은 어느 정도 설득력이 있다.

모두가 부자로 태어날 수는 없지만, 돈을 벌 수 있는 자유는 모두에게 주어져야 한다. 재산의 많고 적음으로 개인의 성공과 실패를 재단할 것이 아니라 재산을 모을 수 있는 자유가 보장되고 있는지 살펴야 한다.

무슨 일을 하든
완벽하게 열중하라

The real secret of success is enthusiasm.
성공의 진정한 비결은 열중하는 것이다.

|

월터 크라이슬러Walter Chrysler
미국 3대 자동차회사인 크라이슬러의 설립자

성공을 위해 필요한 것들은 많다. 우선 성공에 대한 강한 욕구나 욕망이 있어야 하고, 다음으로 이를 성취하기 위한 노력과 집중력이 필요하다. 무언가에 열중하기가 결코 쉽지만은 않지만 아무리 훌륭한 계획과 아이디어가 있다고 한들 행동으로 옮기지 못하면 아무런 소용이 없다. 무엇보다 자신이 성공시키고자 하는 일에 전념하는 것이 가장 중요하다. 무언가에 열중하다 보면 언젠가는 성공에 이르게 되는 것이다.

인내를 통해 야망은 더욱 강해지고, 고무될 것이다

Ambition is the path to success.
Persistence is the vehicle you arrive in.

야망은 성공에 이르는 길이요,
인내는 성공으로 데려가는 도구이다.

|

빌 브래들리Bill Bradley
농구 선수 출신의 미국 뉴저지주 연방 상원의원

'소년이여! 야망을 가져라'라는 말이 있듯 미래와 성취에 대한 야망이 성공을 향한 출발점이다. 야망에 불타는 사람일수록 자신의 모든 것을 쏟을 수 있기에 성공에 이를 가능성이 그만큼 더 높아지는 것이다. 야망을 이루기 위해 자신이 가진 모든 것을 다하기 때문이다. 물론 야망을 실현하는 과정에서 힘든 시간과 어려운 상황에 부딪힐 때도 있다. 이때를 인내하는 사람만이 궁극적인 목적지에 이를 수 있다. 야망이라는 길을 인내라는 도구로 달리는 것이다.

실패는 곧 성공으로
한 걸음 더 나아가는 것이다

Success is not built on success.
It's built on failure. It's built on frustration.
Sometimes it's built on catastrophe.

성공은 성공 위에 이루어지는 것이 아니라 실패 위에서,
좌절 위에서, 때로는 대재앙 위에서 이루어지는 것이다.

|

서머 레드스톤Summer Redstone
미국의 연예산업 경영자

성공도 실패도 마지막이 아니며, 영원하지 않다. 성공하다가도
실패할 수 있고 실패해도 다시 재기할 수 있다. 특히 실패해도
그로부터 무언가를 배운다면, 그래서 같은 실패를 반복하지
않는다면 그것 또한 성공이다. 성공이란 '얼마나 이루었는가'
로만 평가되는 것이 아니라 '인생의 바닥에서 얼마나 높이 뛰
어올랐는가'로 평가되기도 한다. 실패와 좌절, 재앙을 겪어 본
사람이 그렇지 않은 사람보다 성공에 대한 열망이 훨씬 더 크
고, 목표에 더 전념하기 때문에 성공 가능성이 더 높은 것이다.

누구도 가본 적 없는
새로운 길을 개척하라

If you want to succeed, you should strike out on new paths,
rather than travel the worm paths of accepted success.

성공하고 싶다면, 이미 확인된 손쉬운 길이 아니라
새로운 길을 개척해야 한다.

|

존 D. 록펠러 John D. Rockefeller
Standard Oil의 창업자인 미국의 석유 재벌

위대한 일을 해내고 싶다면 이미 길이 있는 곳에 가지 말고 길이 없는 곳에 새 길을 내는 것이 낫다. 길이 있는 곳에 가는 건 쉽지만 그만큼 얻는 것도 적기 때문이다. 다른 사람이 이미 지나간 길을 간다면 아무리 잘해도 2등이다.

길이 없는 곳을 개척하려면 힘들겠지만 새로운 길을 연 선구자로 기억될 것이고, 유리한 고지를 선점할 수 있다. 길이 난 곳은 이미 많은 사람이 다닌다. 그만큼 경쟁자도 많다는 뜻이다. 여러분이라면 어떤 길을 선택하겠는가.

성공은 영원하지 않고,
실패는 치명적이지 않다

The arrogance of success is to think that
what you did yesterday will be sufficient for tomorrow.

성공의 오만함은 어제 한 일이
내일도 충분하다고 생각하는 것이다.

|

윌리엄 폴라드 William Pollard
과학과 종교의 관계에 관심을 가졌던 미국 물리학자 겸 목회자

단 한 번의 성공이 평생을 갈 것이라고 생각하는 것은 오만이
다. 단 한 번의 실패로 인생이 끝났다고 생각하는 것은 비겁함
이다. 성공도 실패도 영원하지 않으며, 극단적으로 마지막도
아니다. 성공했다가 실패하기도 하고, 실패했다가 성공할 수도
있다.

어제 충분히 통했던 것이라고 내일도 성공하리란 보장은 없다.
하루하루가 다르다. 매일이 다른 하루의 변화를 읽을 줄 알아
야 한다.

준비에 실패하는 순간부터
실패가 준비된다

One important key to success is self-confidence.
An important key to self-confidence is preparation.

성공을 얻는 중요한 열쇠 중 하나는 자기혁신이며,
자기혁신을 위한 중요한 열쇠 중 하나는 준비성이다.

|

아서 애시 Arthur Ashe

그랜드슬램 타이틀을 딴 최초의 흑인 테니스 선수

혁신과 학습은 함께 간다고 한다. 학습을 통해서 혁신하고, 혁
신을 통해서 배운다는 것이다. 여기서 혁신은 자기혁신이며,
자신이 바뀌지 않고 조직과 그 구성원을 바꿀 수는 없다. 자신
을 혁신하는 것은 많은 것을 앞서 배우는 것이고, 그만큼 앞서
간다는 점에서 성공의 열쇠가 될 수 있다. 자기혁신을 위해서
는 항상 학습과 혁신을 준비해야 한다. 준비된 사람만이 자신
을 바꾸고 혁신할 수 있다.

오늘 할 일을
내일로 미루지 마라

Procrastination is one of the most common and deadliest of
diseases and its toll on success and happiness is heavy.

일을 미루는 것이 가장 일반적이고 가장 치명적인
질병의 하나여서, 성공과 행복에 미치는 대가는 무거운 것이다.

웨인 그레츠키 | Wayne Gretzky
캐나다 출신의 전설적인 아이스하키 선수

낮에 할 일을 밤으로 미루고, 오늘 할 일을 내일로 미루는 것
이 가장 나쁜 버릇이다. 오늘과 내일은 전혀 다른 시간이고, 오
늘 해야 할 일과 내일 해야 할 일 또한 달라야 발전이 있다.
경쟁자보다 하루를 미루면 하루가 뒤처지는 것이고, 한 달을
미루면 한 달이 뒤지는 것이다. 그 결과는 그만큼 성공으로부
터 멀어지는 것이고, 성공으로부터 멀어지는 만큼 성취감과
그로 인한 행복도 멀어지거나 줄어들게 된다. 세상의 모든 일
은 정해진 시간에 하는 것이 마땅하다.

실수는 성공의
시작이다

Failure is the key to success:
each mistake teaches us something.

실패가 성공의 비결이다. 모든 실수 하나하나가
우리에게 무언가를 가르쳐주기 때문이다.

우에시바 모리헤이|Ueshiba Morihei
일본 무술가로 합기도의 시조

토머스 에디슨은 '실패가 성공의 어머니다'라는 명언을 남겼다. 물론 실패하지 않고도 성공하는 것이 가장 바람직하지만 어디 세상일이 그런가. 이와 비슷한 말로 우리도 '비 온 뒤에 땅이 더 단단해진다'라고 말한다. 아픔이나 슬픔 뒤에 더 성숙해진다는 의미이다.

실수를 전혀 하지 않을 수는 없다. 다만 실수를 실수로 끝내지 않고 무언가를 배울 수 있다면 같은 실수를 반복하지 않고 다음엔 더 잘할 수 있기 때문에 성공의 비결이 될 수 있는 것이다.

만족은 결과가 아니라
과정에서 온다

Success is a journey, not a destination.
The doing is often more important than the outcome.

성공은 여정이지 종착지가 아니다.
행하는 것이 때로는 결과보다 더 중요하다.

|

아서 애시Arthur Ashe
그랜드슬램 타이틀을 딴 최초의 흑인 테니스 선수

단 한 번의 성공이 평생의 성공을 보장하지는 않는다. 성공했
다가도 실패하고 실패했다가도 성공할 수 있다. 성공도 실패도
끝이 아니라 과정일 뿐이며, 과거형이 아니라 진행형, 그것도
현재와 미래진행형이다. 인생을 여행에 비유한다면 진정으로
중요한 것은 목적지가 아니라 그곳을 향한 여정이 아닐까.
매 순간 최선을 다하는 것이 어떤 결과보다 더 중요할 수 있다.
성공을 향한 여정에서 지금 이 순간 내가 할 수 있는 최선을 다
했다면 결과보다 더 중요한 가치가 아닐 수 없다.

잘못되는 것에 대한
두려움을 버려라

True success is overcoming the fear of being unsuccessful.
진정한 성공은 성공하지 못하는 것에 대한
두려움을 극복하는 것이다.

|

폴 스위니Paul Sweeney
미국의 저술가

성공해야 한다는 중압감은 모든 이들에게 상당하지만, 특히
성공한 사람들에게는 항상 성공해야 한다는 기대감이 더 큰
무게로 억누른다고 한다.

운동선수라면 누구나 경기에서 이기고 챔피언이 되는 것을 꿈
꾸지만 세상 누구라도 그 자리를 영원히 지키지는 못한다. 복
싱의 무하마드 알리도, 골프의 타이거 우즈도 그랬던 것처럼
말이다. 그러나 그들이 더 대단해 보이는 것은 언젠가는 내려
와야 한다는 것을 알았으며, 그때 자신을 겸허히 받아들일 줄
알았기 때문이다.

실패는 발견의
시작이다

If you want to increase your success rate,
double your failure rates.

성공 확률을 높이고 싶다면 실패 확률을 두 배로 높여라.

|

토머스 J. 왓슨Thomas J. Watson
IBM의 창업자이자 CEO

실패의 아픔을 가진 사람들에게 아픈 만큼 성장한다고 위로
의 말을 전하는 경우가 많다. 곧 실패가 성공의 자양분이 될 수
있다는 말일 것이다. 실패를 경험한 사람은 같은 실패를 하지
않으려고 실수를 보완하고 더욱 노력하기 마련이므로 다음번
에는 성공할 가능성이 높다. 그래서 흔히 실패는 성공의 어머
니라거나 실패가 성공의 조건이라고까지 하지 않는가. 농구 황
제 마이클 조단도, 발명왕 에디슨도 셀 수 없을 정도로 많은 실
패에서 성공을 찾은 사람들이다.

평탄한 환경에서
크게 성공한 사람은 별로 없다

The first step toward success is taken
when you refuse to be a captive of the environment
in which you first find yourself.

자신을 처음 발견한 환경의 노예가 되기를 거부하는 것이
성공을 향한 첫걸음이다.

|

마크 케인Mark Caine
사람과 자연의 관계에 대한 강연과 저술 활동가

사람은 누구나 자신이 처한 환경과 밀접한 관련이 있다. 사람이 환경을 극복할 수 있다고 할지라도 환경의 영향을 상당히 받을 수밖에 없다.

환경과 인간의 관계에서 현명한 사람은 적극적으로 환경을 개선하거나 극복하려고 노력할 테지만, 그렇지 못한 사람은 환경에 순응하려 할 것이다. 어려운 환경에 처하더라도 이를 잘 활용하는 사람이 성공할 것이다.

소신껏 이룬 성공이 아니라면
결국은 공허해질 것이다

Success is only meaningful and enjoyable
if it feels like your own.

성공이란 오직 그 성공이 자신의 것이라고 느낄 때만이
의미가 있고 즐길 수 있다.

|

미셸 오바마 Michelle Obama
미국 44대 대통령의 영부인

자신의 것이라고 느끼는 성공과 그렇지 못한 성공에는 과연
어떤 차이가 있을까. 자신의 것으로 느끼지 못하는 성공이란
아마 자기 스스로 이루었다고 볼 수 없는 성공일 것이다.
결국 성공이란 나에게 거저 주어지는 것이 아니라 나 스스로
성취할 때 즐길 수 있고 의미를 찾을 수 있다. 요행이나 대물림
으로 얻은 성공과는 그 의미가 다르다.

세상을 다른 시각으로 보려
노력하라

If there is any one secret of success, it lies in the ability
to get the other person's point of view and see things from
that person's angle as well as your own.

성공의 비결이 하나라도 있다면, 자신만이 아니라
다른 사람의 관점을 취하고 그 사람의 시각에서 사물을 보는
능력이라고 할 수 있다.

|

헨리 포드 Henry Ford
포드자동차를 창립한 미국의 기술자, 사업가

사람들 대부분은 자신의 성공에는 특별한 비결이 없다고 말
하지만, 사람에 따라 나름의 비법은 있을 것이다. 그중에서도
다양한 사람들의 의견을 수렴하고 그들의 입장에서 사물을
보고 판단하는 것이 중요하다고 한다. 특히 포드와 같은 기업
인이라면 더욱 그럴 것이다. 타인의 관점에서 세상과 사물을
볼 수 있어야 객관적으로 보고 판단할 수 있는 것이다.

뜻이 있는 곳에
길이 있다

I believe any success in life is made by going into an area
with a blind, furious optimism.

인생의 성공은 격렬하고 맹목적으로 낙관적인 분야로
뛰어들어야 가능한 것이다.

|

실베스터 스탤론 Sylvester Stallone
영화 〈록키〉와 〈람보〉의 주인공인 미국의 영화배우

할 수 있다는 자신이 없고 확신도 서지 않는 일이나 분야에서
성공하기란 절대 쉽지 않다. 자신이 가장 잘할 수 있고 그래서
자신만만하고 이길 수 있다는 낙관적인 확신을 가질 수 있는
분야로 진출해야 성공할 수 있다는 것이다.
치열한 경쟁 속에서 성공할 수 있다는 자신감마저 없다면 결
코 성공할 수 없다. 긍정적인 마음가짐으로 접근해도 힘든데
부정적이고 비관적 사고로서 이룰 수 있는 것은 하나도 없기
때문이다.

셋,

성공이나 실패에 연연하지 말고
초지일관 밀고 나가라

Success usually comes to those who are too busy
to be looking for it.

성공은 보통 너무나 바빠서 성공을 기대조차 못하는
사람들에게 찾아오는 것이다.

|

헨리 데이비드 소로 Henry David Thoreau
미국의 철학자이자 시인, 수필가

당연히 성공은 아무나 하는 것이 아니다. 노력하지 않은 성공
은 있을 수 없다. 성공하는 사람과 성공하지 못하는 사람은 자
신의 분야에 기울인 노력의 정도와 강도 그리고 투자한 시간
이 다르며, 나아가서는 성공에 대한 간절함과 절실함에서도
차이를 보인다. 더 간절하고 절실할수록 더 열심히 노력하게
되고 그만큼 성공할 가능성 또한 높아지는 것이다.
성공은 기대한다고 이루어지는 것이 아니라 기대할 시간조차
없을 정도로 바쁘게 노력하는 사람의 몫이다.

단점보다 장점에
역량을 집중하라

*Success is achieved by developing our strengths,
not by eliminating our weaknesses.*

성공은 단점을 제거하는 것이 아니라 장점을 개발함으로써
성취되는 것이다.

|

메릴린 보스 사반트 Marylin vos Savant
IQ 220의 세계 최고 지능을 가진 미국의 칼럼니스트

일을 더 잘하고, 더 좋은 인간관계를 형성하며, 더 나은 인생을
살기 위해서는 당연히 단점이나 문제가 없는 것이 좋다. 하지
만 이는 거의 불가능하다.

단점을 의식해 너무 많은 에너지를 쏟기보다 장점을 더 계발
하여 부족한 부분을 상쇄시키고, 다른 사람들과 차별화된 경
쟁력을 갖는 것이 훨씬 낫다. 단점을 없앤다고 주목받는 경우
는 드물지만, 장점을 계발하고 강화하면 단점은 가려지고 경
쟁력을 더 높일 수 있기 때문이다.

자만하는 자는
반드시 추락한다

Success breeds complacency, complacency breeds failure.
Only the paranoid survive.

성공은 자만을 낳고, 자만은 실패를 낳는다.
오로지 편집광만이 살아남는다.

|

앤디 그로브Andy Grove

헝가리 태생의 미국 과학자로 인텔의 전 CEO

자신감과 자긍심은 중요한 자산이지만, 지나치거나 잘못된
자신감 또는 자긍심은 자만으로 흐르게 된다. 자만은 자신에
대한 실제 이상의 평가와 기대 즉 자신에 대한 과대평가나 과
잉포장이다. 자만심은 자신을 나태하게 하고, 타인을 경시하
게 만든다. 결국, 자기 일에 자만하지 않고 편집증이라 여겨질
정도로 매달리는 사람이 생존하고 더 나아가 성공할 수 있다.
어쩌면 이는 초심을 잃지 말라는 말과 일맥상통할지 모른다.

탁월한 재능이 있는 사람보다
강한 의지를 가진 사람이 성공한다

The moment we believe that success is determined
by an ingrained level of ability as opposed to resilience
and hard work, we will be brittle in the face of adversity.

성실함과 인내심이 아닌 타고난 능력에 따라
성공이 결정된다고 믿는 순간 역경에 처하게 된다.

|

조슈아 웨이츠킨Joshua Waitzkin
미국의 체스 선수이자 무술인

물론 어떤 분야에서 성공하기 위해서는 그 분야에 관한 일정
수준의 능력이 필요한 경우가 많을 것이다. 특히 운동이나 예
능은 후천적인 노력도 중요하지만 타고난 재능을 무시할 수
없다. 그러나 재능 또한 꾸준한 노력을 통해 개발될 수 있다는
것도 잘 알려진 사실이다.

자신의 노력과 인내의 부족보다 타고난 재능만을 탓한다면
항상 불평불만만 품게 되고 더 노력하지 않게 되어 점점 더 퇴
보하게 된다. 남의 탓, 유전 탓, 부모 탓만 하고 자기 반성과 노
력은 하지 않은 채 말이다.

성공은 인생의 진정한 가치,
그 속에 있다

Success is nothing more than a few simple disciplines,
practiced everyday.

성공이란 단지 매일 행하는 몇 가지 간단한 훈육에
지나지 않는다.

|

짐 론 Jim Rohn
미국의 기업인이자 동기부여 연설가, 작가

성공이란 그리 대단한 것이 아닐 수도 있다. 사람에 따라 성공을 다르게 정의하기도 하고, 같은 기준이라도 성공의 크기가 다르기 때문이다. 아침에 일어나 세수하고 밥 먹고, 직장 나가서 일하며, 저녁에 집에 돌아와 가족과 따뜻한 저녁을 먹고 잠자리에 들 수 있는 평범한 일상을 성공이라 생각하는 사람도 있다. 요즘 정치인의 흔한 선거 구호조차 '저녁이 있는 삶'이라 하지 않는가. 평범한 사람들 대부분이 꿈꾸는 성공이란 바로 그런 소박한 일상일지 모른다.

의지가 확고한 자만이
두려움을 극복할 수 있다

Will power is the key to success.
Successful people strive no matter what they feel
by applying their will to overcome apathy, doubt or fear.

의지력이 성공의 열쇠이다. 성공하는 사람은 강한 의지로
그 어떤 냉담과 의심 그리고 두려움도 극복하려고 노력한다.

|

댄 밀먼 Dan Millman
미국 체조선수 출신의 자기계발 작가이자 연설가

옛날부터 우리는 '호랑이한테 물려가도 정신만 바짝 차리면
살 수 있다'는 속담을 자주 인용했다. 강한 정신력을 발휘하면
이루지 못할 일이 없다는 뜻이다. 마찬가지로 성공하겠다는 집
념과 의지가 강할수록 성공할 가능성은 높아진다. 의지력이
강한 사람은 그만큼 그 일에 전념하고 몰입하며 그것도 간절
하고 절박하게 원하기 때문에 그렇다. 그러한 절박함과 간절함
으로 가득한 의지가 역경을 극복할 수 있게 한다.

지금 나에게도
행운이 찾아올지 모른다

Luck is what happens when preparation meets opportunity.
행운이란 준비된 사람이 기회를 만날 때 찾아오는 것이다.

|

엘머 레터먼Elmer letterman
미국의 유명한 보험중개인이자 동기부여 전문가

흔히들 복불복이라는 말을 하고, 운명이나 팔자소관 또는 우
연을 논하면서 자신의 박복함을 탓하기 일쑤다. 하지만 행운
이란, 사실은 누구에게나 언젠가는 오기 마련이다. 행운이 왔
을 때 미처 그것을 차지할 준비가 되지 않아서 기회를 놓치는
것이지 행운이 오지 않아서가 아니라는 것이다. 항상 준비된
사람만이 기회를 차지할 수 있는 것이다.

기회를 잡고 싶다면
먼저 그릇을 키워라

Everything comes to us that belongs to us
if we create the capacity to receive it.
만약 우리가 받아들일 능력만 가지게 된다면
우리에게 속하는 모든 것은 우리에게 올 것이다.

|

라빈드라나트 타고르Rabindranath Tagore
인도의 시성이라 불리는 시인이자 철학자

사람마다 제각기 자신의 그릇이 다르다. 흔히들 '그 사람은 중
책을 맡기에는 그릇이 작다', '그릇에 비해 자리가 작다'라는
말을 한다. 능력의 차이도 있지만 준비가 되지 않아 나에게 다
가오는 기회도 행운도 잡지 못하는 경우가 많다.
사람이든 일이든, 기회든 행운이든 그것을 받아들일 준비가
되어 있고, 능히 감당할 그릇이 된다면 자연스럽게 우리에게
다가오거나 주어질 것이다. 그래서 우리는 준비된 대통령, 준
비된 사장, 준비된 시장을 강조하지 않는가.

위기 속에서
기회를 포착하라

When written in Chinese, the word 'crisis' is
composed of two characters. One represents danger and
the other represents opportunity.

'위기'라는 단어는 한자로 위험과 기회를 대변하는
두 글자로 구성된다.

|

존 F. 케네디 John F. Kennedy
미국의 35번째 대통령

흔히들 '위기'를 위험한 기회라고 말한다. 글자 뜻도 케네디 대
통령이 말한 것처럼 한자로는 '위험'과 '기회'가 합쳐진, 그래
서 위험하지만 또 다른 기회라는 의미를 함축하고 있다. 아마
도 위기에 처하면 긴장하고 더 노력하게 되어 재도약하거나 재
기할 수 있는 기회를 만들 수 있다는 의미일 것이다. 반대로 위
기를 위험으로만 받아들인다면 그 위험 속에 빠져 헤어나지
못할 수도 있다는 경고의 의미도 있다.

기회는
가까이 있다

The lure of the distant and the difficult is deceptive.
The great opportunity is where you are.

기회는 멀리 있으며, 어려운 것이라는 유혹은 기만이다.
위대한 기회는 우리가 있는 바로 이곳에 있다.

|

존 버로스 John Burroughs
미국의 자연주의자이자 작가

중국 당나라 때의 선승인 임제 선사는 '입처개진立處皆眞', 즉 진
리는 바로 지금, 여기에 있다고 말했다. 기회는 보통 사람들에
게는 늘 멀리 있는 것이고, 갖기 어려운 것이라는 입발림은 거
짓이다. 기회는 하늘에서 떨어지는 것처럼 거저 주어지는 것이
아니고, 스스로 만들고 찾는 것이기 때문에 멀리 있지 않다. 다
만 적지 않은 사람들이 자신에게 기회가 왔음에도 알지 못하
거나 알고도 그 기회를 잡지 못한다. 그래서 기회는 지금 바로
여기, 나 자신에게 있는 것이다.

때로는 아웃사이더로부터
세상을 바꾸는 아이디어가 나온다

The reasonable man adapts himself to the world;
the unreasonable one persists in trying to adapt
the world to himself. Therefore all progress
depends on the unreasonable man.

합리적인 사람은 자신을 세상에 맞추려하고,
비합리적인 사람은 세상을 자신에게 맞추려고 고집한다.
따라서 모든 진전은 비합리적인 사람에게 달렸다.

조지 버나드 쇼 George Bernard Shaw
노벨 문학상을 수상한 아일랜드의 작가

어쩌면 역설적으로 들리는 소리이다. 세상은 합리성을 추구하고, 합리성이 때로는 이성을 뜻하기도 해서 말이다. 그러나 문제는 이성과 합리성이 때로는 변화보다는 현재에 안주하기를 원한다는 것이다.
어떠한 진전과 발전도 사실은 현재를 벗어나야 가능한 일이기에 어쩌면 비합리적인 사람이 변화와 전진에 가깝다고 할 수 있을 것이다.

위대한 리더는 구성원을 선도하기보다 지지하고 돕는다

The price of greatness is responsibility.
위대함의 비용은 책임이다.

|

윈스턴 처칠Winston Churchill
영국 총리를 지낸 정치인

책임질 줄 아는 사람이 위대한 사람이고, 위대한 사람은 책임질 줄 알아야 한다는 당연한 논리이다. 책임이라는 값을 지불하지 않는다면 자유는 방종이 되고, 오만이 돼버리고 만다. 책임지지 않는 위대함이란 독재이고 공포이다. 독재와 공포로 약탈한 가식적인 위대함일 것이다. 책임은 지고 권한은 양보하는 것, 그것이 위대한 사람의 기본이 아닐까.

새로운 길의 이정표가
되어 줄 사람

Do not go where the path may lead,
go instead where there is no path and leave a trail.

길이 인도하는 곳으로 가는 대신 길이 없는 곳으로 가서
길을 남겨라.

|

랄프 왈도 에머슨Ralph Waldo Emerson
1880년대에 활동한 미국의 시인이자 수필가, 사상가

어떤 분야에서 독보적인 존재가 되려면 아무도 가지 않은 길을 가야 한다. 남들이 이미 다닌 길을 가면 항상 남의 뒤만 따를 뿐이며, 자신의 길을 가지 못하고, 더구나 앞서간 사람을 따라잡을 수 없어서 아무리 잘해도 2등밖에 할 수 없을 것이다. 남들이 다니는 길에는 이미 많은 발자국이 남아 있을 것이고, 내 발자국은 이미 그 길을 지나간 수많은 사람들의 발자국 속에 묻히게 된다.

리더란 어떤 사람이
되어야 하는가

You must accept responsibility for your actions,
but not the credit for your achievements.

자신의 행동에 책임지되, 성취에 대한 몫은 취하지 않아야 한다.

|

데니스 웨이틀리 Denis Waitley

미국의 동기부여 연설가이자 작가

인간은 자유 의지의 소유자이기에 자신의 행동은 스스로 선택하며, 따라서 자신이 선택한 행동에 대해서 그 책임도 져야한다는 것이다. 그러나 일반적으로 사람들은 일이 잘못되면 남의 탓, 사회 탓, 심지어 조상 탓으로 돌리기 일쑤이다.

반대로 잘된 일에 대해서는 서로 자기 탓, 자기 공이라고 자신을 내세운다. 공은 챙기고 책임은 부하에게 미루는 보스와는 달리 진정한 지도자처럼 공은 부하에게 돌리고 책임은 자신이 지는 사람이 되어야 한다.

스스로 해결하는
능력을 길러 주려면

Never tell people how to do things. Tell them what to do
and they will surprise you with their ingenuity.

사람들에게 일하는 방법을 결코 일러 주지 말라.
그들에게 할 일을 일러 주면 자신들의 재간으로
우리를 놀라게 할 것이다.

|

조지 S. 패튼George S. Patton
제2차 세계대전 당시 활약한 미 육군 전차부대 장군

교육학자들은 아이들에게 물고기를 잡아주지 말고, 물고기를 잡는 방법을 가르쳐 주라고 한다. 아이들에게 물고기를 잡아주기만 한다면 의타심만 생기고 잡는 법을 몰라서 누군가가 잡아주지 않으면 생존할 수도 없게 된다는 것이다. 유사한 경우로, 일이 구체적인 방식까지 일러 준다면 별다른 생각도 하지 않는 수동적 인간이 되고 만다. 그러나 해야 될 일을 알려 주기만 하면 그 일을 어떻게 할지 고민하고 스스로 방법을 찾아서 해결하는 능동적 사고와 행동을 한다는 것이다.

실패에 책임질 줄 아는 사람이
진정한 리더다

The one phrase you can use is
that success has a thousand fathers, and failure is an orphan.
성공은 천 명의 아버지가 있지만, 실패는 고아라고 말할 수 있다.

|

앨런 프라이스Alan Price
미국 대중음악가

실패에 책임지는 사람은 아무도 없지만, 성공을 자기 공으로
돌리려는 사람은 많다는 의미이다. 오히려 공은 남의 덕으로
돌리고, 책임은 내 탓으로 돌리는 것이 바람직하다. 리더Leader
와 보스Boss는 다르다.

리더는 결과에 대한 책임은 자기가 지고 공은 부하 직원에게
돌리지만, 보스는 공은 자기가 차지하고 책임은 부하 직원 탓
으로 돌린다. 물론 두말할 것도 없이 '내 탓이요, 네 덕입니다'
가 되어야 제대로 된 조직이요, 리더이다.

결과에만 집착하기보다
과정을 즐겨라

We should not judge people by their peak of excellence
but by the distance they have travelled
from the point where they started.

전성기로 사람을 평가할 것이 아니라, 그 사람이 출발한
곳에서부터의 여정으로 평가해야 한다.

|

헨리 워드 비처 Henry Ward Beecher
노예제 폐지를 지지했던 미국의 종교인, 사회개혁가이자 연설가

사람을 평가할 때 우리는 대부분 현재의 그 사람만 보고 판단
하기 쉽다. 문제는 서로 출발점이 다르고 따라서 각자가 성취
한 정도와 크기도 다르다는 것이다.

부모님으로부터 물려받은 가업을 이어 경영자가 된 사람과 빈
손으로 시작하여 자수성가한 사람의 평가는 달라야 한다. 그
래서 어떤 사람의 성공과 성취에 대한 진정한 평가는 정점에
있을 때의 결과물이 아니라 그 사람이 정점에 다다르기까지의
과정 즉 언제, 어디서 시작해 어떻게 여기까지 왔는가를 봐야
한다는 것이다.

인생의
가장 큰 밑천

It's your attitude, not your aptitude,
that determines your altitude.
우리의 지위를 결정하는 것은 소질이 아니라 태도이다.

|

지그 지글러 Zig Ziglar
영업사원 출신으로 성공한 미국의 동기부여 전문가이자 작가

자신의 직업, 지위 등 사회적 신분은 타고난 소질보다는 노력
하는 자세와 태도에 더 크게 좌우된다는 뜻이다. 아무리 우수
한 소질을 가졌어도 그 소질을 충분히 활용하지 않는다면 아
무런 의미가 없다. 그래서 자질이 훌륭한 사람보다 열심히 하
는 사람이 성공한다거나 인내와 끈기의 거북이가 토끼와의 경
주에서 이긴다는 이야기가 회자되는 것이다. 당신이 무엇을 원
하든 그것이 당신의 몫이 되느냐 마느냐는 열심히 하려는 자
세와 태도에 달려 있다.

일이 마무리되기 전까지는
아무것도 장담할 수 없다

Don't taunt the alligator until after you've crossed the creek.
계곡을 건널 때까지는 악어를 조롱하지 말라.

|

댄 래더 Dan Rather
CBS 뉴스의 앵커로 유명했던 미국 언론인

아프리카 초원을 누비는 얼룩말과 같은 초식동물들은 건기에
풀을 찾아 다른 곳으로 이동하기 위해 악어 떼가 서성거리는
강을 건너는 위험을 감수한다. 악어에게 희생되곤 하는 것을
보면 완전히 건너기 전까지는 악어의 위험으로부터 결코 안전
하지 않으며 따라서 언제라도 희생될 수 있음을 아는 것 같다.
이를 통해 매사에 끝까지 긴장의 끈을 놓치지 않아야 한다는
가르침을 얻을 수 있다.

뜻 있는 자는
결국 성취한다

Strength does not come from physical capacity.
It comes from an indomitable will.

강함은 신체적 능력이 아니라 불굴의 의지에서 나온다.

|

마하트마 간디Mahatma Gandhi

비폭력, 무저항 독립운동을 한 시인으로 인도의 정치적, 정신적 지도자

우리 속담에도 '호랑이한테 잡혀가도 정신만 차리면 살 수 있다'라는 말이 있다. 종교에서도 열심히 기도하면 소원이 이루어진다고 한다. 아마도 우리가 무언가를 간절하게 기도하면서 절박한 마음으로 열정을 다 쏟을 때 그 정성이 노력에 보태져 소원이 이루어지기도 하는 것이리라.

운동 경기에서도 정신력이 신체적 능력과 기술보다 더 크게 작용하는 경우를 흔히 볼 수 있다. 한일전에서 우리 선수들이 대부분 우위를 점하는 이유 중 하나도 우리 선수들이 그만큼 정신 무장이 잘 되어 있기 때문일 것이다.

어떤 충고든 그것이 선의에서 나온 것이라 가정하고 받아들이자

It takes a great man to give sound advice tactfully,
but a greater to accept it graciously.

위대한 사람은 건전한 충고를 전략적으로 주지만,
더 위대한 사람은 건전한 충고를 정중하게 받아들인다.

로건 피어솔 스미스 Logan Pearsall Smith
미국 태생의 영국인 수필가이자 비평가

남에게 충고를 할 때는 우선 충고할 용기가 있어야 하고, 용기가 있어도 상대방을 불편하게 하거나 기분 나쁘게 하지 않고 필요한 충고를 할 줄 아는 기술이 필요하다. 그렇지 않다면 충고하고도 욕을 먹거나 상대방을 더 어려운 상황에 빠지게 할수 있다. 그러나 충고하는 사람보다 사실은 그 충고를 고맙게 받아들이고 제대로 따르는 것이 훨씬 더 어려운 일이다. 상대방의 진솔한 충고마저도 기분이 상하거나 자존심이 상할 수 있어 알면서도 받아들이지 않게 된다. 그렇기 때문에 충고를 정중하게 받아들이는 사람이 훨씬 더 훌륭한 사람이라고 할수 있다.

최선을 다한 당신이
진정한 승자

Winning is not everything, but wanting to win is.
이기는 것이 전부가 아니라 이기고자 하는 것이 전부이다.

빈스 롬바르디 Vince Lombardi
미국의 프로미식축구팀 그린베이 패커스의 전설적인 감독

승부의 세계에서는 물론 지는 것보다 이기는 것이 낫다. 요즘 같은 경쟁 사회에서는 더욱더 그렇다. 그러기에 홉스는 인간 사회를 '만인의, 만인에 대한 투쟁'이라고 하지 않았던가. 이처럼 이기고 지는 것의 결과도 중요하다.

그러나 이기고자 하는 의지가 강하다면, 그래서 이기기 위해 최선을 다한다면 승리는 자연스럽게 따라오지 않을까. 수많은 경기를 승리로 이끈 전설적인 감독의 경험에서 우러나온 지혜이기에 더욱 신뢰가 간다.

연습은 실전처럼
실전은 연습처럼

Spectacular achievement is always preceeded
by unspectacular preparation.
화려한 성취는 항상 화려하지 않은 준비의 결과이다.

|

로버트 슐러Robert Sculler
미국의 유명한 텔레비전 선교사이자 목사

눈에 보이지 않는 노력을 설명할 때 자주 등장하는 이야기다.
백조의 우아한 몸짓만 보고 온갖 감탄을 하지만 수면 아래에
서 백조의 두 다리는 쉴 틈 없이 움직여야 한다. 피겨선수 김연
아도, 리듬체조선수 손연재도 짧은 몇 분간의 연기를 위해 과
연 얼마나 고되고 긴 연습과 훈련을 했을까.
프로 스포츠 선수들의 성적은 동계 체력 훈련이 좌우한다는
말도 있다. 이처럼 어떠한 결과나 성취라도 철저한 준비와 노력
없이 그냥 이루어지는 것은 없다.

요행보다
땀

You can't cross the sea merely by standing
and staring at the water.
Don't let yourself indulge in vein wishes.

단순히 바닷가에 서서 바라만 본다고 바다를 건널 수는 없다.
자신을 허황된 갈망에 빠지게 해서는 안 된다.

|

로렌스 피터 Laurence J. Peter
캐나다의 교육자

홍시가 먹고 싶으면 감나무에 매달린 홍시를 따야 함에도 감
나무 밑에서 홍시가 떨어지기만 기다린다는 속담이 있다. 아마
도 노력하지 않고 요행만 바라는 잘못된 습관을 탓하는 격언
일 것이다.

바다를 건너기 위해서는 헤엄을 치거나 노를 저어야 하는 것
이지 바다를 쳐다만 본다고 건널 수 있을 리 없다. 땀 흘리지 않
은 결과는 요행이기에 이런 요행만 바라는 허영의 늪에 빠지
지 말고, 실천하고 노력함으로써 목표를 성취하고 목적지에
다다르라는 것이다.

행동하지 않으면
아무것도 달라지지 않는다

Knowledge is of no value unless you put it into practice.
지식은 실천되지 않는 한 아무런 가치가 없다.

|

안톤 체호프 Anton Chekhov
러시아의 의사, 단편소설가, 극작가

흔히 행동하지 않는 양심은 가치가 없다고 한다. 머릿속에만
있는 지식은 지식으로 그치고 말아서 자기만 아는 비밀에 가
깝게 된다. 지식의 가치는 사회, 인류를 위해 제대로 쓰일 때 가
장 크다고 할 수 있다. 물론 화약이 폭약으로 악용되는 것처럼
흉기가 될 위험성은 경계해야 하지만 말이다.
그렇다고 모든 지식이 다 실용학문일 필요는 없다. 인문학과
같은 순수학문도 사실은 인성의 개발과 순화를 위한 훌륭한
실용성을 가지고 있다.

최선을 다할 때
어떤 기적이 일어날지 아무도 모른다

Men are anxious to improve their circumstances,
but are unwilling to improve themselves;
they therefore remain bound.

사람들은 자신이 처한 상황을 개선하려는 데는 열정적이지만,
자신을 향상시키려 하지는 않기에 현재에 갇혀 있게 된다.

|

레스 브라운Les Brown

미국의 방송인, 작가, 동기부여 연설가이자 정치인

우리를 둘러싼 상황, 환경, 여건은 우리 스스로 바꾸거나 선택
할 수 있는 대상이 아니다. 다만 그 속에 사는 우리가 변화하
고, 개선하며 적응해야 하는 것이다.
앞으로의 환경이나 여건이 지금보다 더 나아지지 않을 거라면
그 상황을 벗어날 수 있는 유일한 방법은 노력과 의지를 통해
스스로 극복하는 것뿐이다. 자신의 운명은 스스로 개척하는
것이다. 연장을 탓하기보다 자신의 기술을 연마하라.

노력은 우리 안의
잠재력을 푸는 열쇠다

I was obligated to be industrious. Whoever is
equally industrious will succeed equally well.

나는 근면해야 할 의무를 지고 있다.
누구라도 나만큼 근면하다면 나처럼 성공할 것이다.

|

요한 제바스티안 바흐 Johann Sebastian Bach
독일의 작곡자이자 오르간 연주자

혹자는 '땀은 거짓말하지 않는다', '땀 흘리지 않고 이룰 수 있
는 성공이란 없다'라고 한다. 한 분야에서 전문가가 되기 위해
서는 하루에 3시간씩 10년 동안, 총 1만 시간을 투자해야 된다
는 1만 시간의 법칙이 이를 잘 말해 주고 있다.

2015년 쇼팽 국제 피아노 콩쿠르에서 대한민국 최초로 1등을
차지한 조성진 군도 연습의 중요성을 강조하며 연주할 때가
가장 편했다고 할 정도로 근면하고 성실하게 연습했다고 한다.
역시 노력하는 사람은 이길 수 없다.

최선을 다한 사람만이
진정한 성취를 기대할 수 있다

The man who has done his level best…
is a success, even though the world may
write him down a failure.

**자신이 할 수 있는 최선을 다한 사람은 비록 세상이
실패로 기록하더라도 성공한 사람이다.**

|

B. C. 포브스 B. C. Forbes
〈포브스〉를 발행한 미국 출판 기업인

'진인사대천명盡人事待天命'이라는 고사성어가 있다. 사람이 해
야 할 일을 다 한 다음에는 하늘의 뜻에 맡겨야 한다는 뜻으
로, 자기 일에 최선을 다해 성실히 해야 한다는 것을 강조하는
말이다.

세상이 말하는 성공을 거두지는 못했을지라도 최선을 다한
사람은 의미 있는 삶을 살았다고 할 수 있다. 반면에 일을 건성
으로 하면서 요행만 바라는 사람 그리고 최선을 다하는 척 시
늉만 내는 사람은 하루살이와 다를 바 없다.

근면하지 않으면 인생에서 얻을 것이 없다

No one succeeds without effort…
Those who succeed owe their success to perseverance.

노력 없이는 누구도 성공할 수 없다…
성공하는 사람들은 그들의 근면함 덕분이다.

|

라마나 마하라시 Ramana Maharashi
'현인'으로 불리는 인도의 힌두 철학자

세상에 땀 흘리지 않고 얻을 수 있는 것은 아무것도 없다. 반대로 흘린 땀은 절대 배반하지 않는다. 성공한 사람들 대부분은 남들보다 조금 더 열심히 일하고 공부하고 노력한 사람들이다. 남들만큼 놀고 자면서도 남들보다 더 잘되거나 성공하기를 바라는 것은 허영이다. 성공은 얼마나 성실하고 근면하게 참고 견디며 끈기 있게 자기 일에 전념하는가에 달렸다.

지혜가 부족해서가 아니라
성실하지 못해 실패하는 경우가 많다

Life isn't a matter of milestones, but of moment.
인생은 획기적인 사건이 아니라 순간에 달렸다.

|

로즈 케네디 Rose Kennedy
미국 사교계의 명사이자 박애주의자로 케네디 대통령의 어머니

삶의 굴곡이나 인생의 성패는 천지가 개벽할 만한 큼직한 사
건이나 기념비적 사건이 아닌 순간순간에 의해 좌우된다는 것
이다. 복권에 당첨되는 것 같이 인생에서 어떤 기념비적인 사건
이 인생 전체를 뒤바꾸게 되는 경우도 없지 않지만, 평범한 사
람들 대부분의 삶과 인생은 그렇지 않다. 일찍이 임제선사가
'지금, 바로 여기'에 진리가 있다고 강조했듯이 지금 여기서 최
선을 다하는 것이 곧 인생을 결정하게 된다.

넷、

더불어 사는
행복

인생의 진리와 본질은
사랑이다

There is only one happiness in this life, to love and be loved.
이 세상에는 오직 하나의 행복만이 있으며,
그것은 바로 사랑하고 사랑받는 일이다.

|

조르주 상드 George Sand
자유분방한 연애로 유명한 프랑스의 여류 소설가

세상에는 셀 수 없이 많은 행복이 있을 수 있다. 물질적 행복,
정신적 행복이라는 큰 갈래에서부터, 성취의 행복, 나눔의 행
복에 이르기까지 너무나도 다양한 행복을 우리는 갈구하고
또 누리고 있다. 그러나 아무리 많은 물질적 풍요로움과 성취
를 누린다 해도 같이 나눌 수 있는 사람이 없다면 그 행복은
부질없어질 것이다.
누군가의 말처럼 행복은 나눌수록 커진다. 사랑이야말로 우
리가 살아가면서 가장 필요한 것이고, 또 가장 나누기 쉽고 나
눌수록 커지는 행복이다.

사랑이 없는 인생엔
희망도 없다

Life without love is like a coin.
You can spend it any way you wish,
but who has hope for it is a fool.

사랑이 없는 인생은 마치 동전과 같아서 원하는 대로
사용할 수 있지만, 동전에 희망을 거는 사람은 바보이다.

알베르 카뮈Albert Camus
프랑스의 언론인이자 철학자

인생도 동전과 마찬가지로 우리가 살고자 하는 대로 원하는
대로 살면서 인생이란 시간을 소비할 수 있다. 동전을 가진 아
이들이, 심지어 어른이라도 먹고 싶은 것, 하고 싶은 것에 동전
을 사용하지만 동전 하나를 쓰면서 뭔가 큰 희망을 걸지는 않
는 것처럼 말이다. 그냥 먹고 싶은 사탕을 사는 데 쓴 것뿐이지
다른 어떤 기대나 희망을 가졌던 것은 아닐 것이다. 사랑이 가
득한 인생이라면 내일과 미래에 대한 희망으로 가득하지만 그
렇지 못한 인생은 그냥 소비하는 삶에 지나지 않는다.

세상에서
가장 행복한 사람

Always pray to have eyes that see the best,
a heart that forgives the worst, a mind that forgets the bad,
and the soul that never lose the faith.

가장 좋은 것을 보는 눈, 가장 나쁜 것을 용서하는 가슴,
나쁜 것을 잊게 하는 마음, 그리고 결코 신뢰를 잃지 않는 정신을
갖게 해달라고 항상 기도하라.

|

작자 미상

눈으로는 좋은 것만 보고, 귀로는 좋은 소리와 말만 듣고, 가슴은 누군가를 용서할 수 있을 만큼 넓고, 마음은 나쁜 일을 잊을 수 잇을 정도로 넉넉하고, 정신 상태는 자신과 세상에 대한 믿음을 잃지 않을 만큼 강한 사람이 될 수 있다면 아마도 세상에서 가장 완벽한, 그래서 가장 행복한 사람이 아닐까.

언제 어디서나
사랑을 꿈꾸라

When you lose the capacity to dream.
you lose the capacity to love, and the energy of this love is lost.

꿈꾸는 능력을 잃게 되면, 사랑할 능력도 잃게 되고,
사랑의 에너지도 사라진다.

|

교황 프란치스코 Pope Francis
로마 교황청 제 266대 교황

사람이 꿈을 꾼다는 것은 대체로 아름다움이나 희망과 기대
감 등을 그릴 때 하는 말이다. 사람이 누군가를 사랑한다는 것
처럼 아름다운 것은 세상에 더 없을 것이다. 결국 꿈꾸지 않거
나, 꿈꿀 수 없다면 사랑할 능력도, 사랑할 힘도 없다는 것이다.
그래서 어쩌면 예전 노래의 제목이나 노랫말처럼 꿈속의 사랑
이 더 아름다운지 모른다.

베푸는 자의
행복

There are two kinds of people in the world: givers and takers.
The takers may eat better, but the givers sleep better.

세상에는 주는 사람과 받는 사람, 두 종류의 사람이 있다.
받는 사람은 더 잘 먹을지 모르지만
주는 사람은 잠을 더 잘 잘 수 있다.

|

마리오 토머스 Mario Thomas
미국의 전략 및 리더십 전문가

받을 줄만 아는 사람은 물론 먹고 쓸 게 많아서 더 좋은 음식을 더 많이, 더 자주 먹을 수 있겠지만 남에게 베푸는 사람은 베푼 만큼 오히려 더 배부르고 뿌듯하다고 한다.
받기만 하는 사람은 받지 못할까 봐, 또는 받은 걸 빼앗길까 봐 불안하지만 주는 사람은 베푸는 행복과 즐거움으로 가득할 것이다. 그래서 '욕망의 자유'보다 '욕망으로부터 자유로워지는' 편이 더 편하고 행복해지는 지름길이다.

가장 귀중한 사랑의 가치는
희생과 헌신이다

It is impossible to love and to be wise.
사랑하면서 현명해지기는 불가능한 일이다.

프랜시스 베이컨Francis Bacon
데카르트와 함께 근세 철학을 개척한 영국 경험론의 시조

아마도 사랑은 이성적·합리적인 것이 아닌가 보다. 사랑에 지나치게 이성적, 합리적이라면 조건과 계산을 하게 되어 사랑에 성공하기 어렵기 때문일 것이다.

사랑은 이성보다는 감성적이지 않을까. 그래서 우리는 여러 가지 사랑에서 무조건적 사랑, 내리사랑, 받기보다 주는 사랑이 더 아름답다고도 하지 않는가. 감정의 노예가 되어서도 안 되겠지만, 지나치게 이성만 따져서도 누군가를 사랑하기란 쉽지 않을 것 같다.

마음으로만
느낄 수 있는 것

The best and most beautiful things in the world
can not be seen or even touched –
they must be felt with the heart.

세상에서 가장 아름답고 좋은 것은 눈으로 보거나
손으로 만질 수 있는 것이 아니다. 오직 가슴으로만 느낄 수 있다.

|

헬렌 켈러 Helen Keller

인문계 학사학위를 받은 최초의 시각, 청각 중복장애인으로 작가, 교육가, 사회주의운동가

누군가가 말했다. 대부분의 사람은 자신이 마음먹은 만큼 행복하다고. 아마도 이는 불교에서 말하는 '일체유심조一切唯心造', 즉 모든 것은 마음먹기에 달렸다는 말과 궤를 같이 할 것이다. 금은보화도 흔히들 말하는 돼지 목에 목걸이를 하는 것이라면 의미가 없거나 심지어 안 하는 것만 못할 테지만, 은가락지라도 마음에서 우러나는 정성스러운 것이라면 아무런 느낌도 없는 의례적인 선물에 지나지 않는 다이아몬드 반지보다 더 가치 있을 것이다. 행복은 보는 것, 만지는 것이 아니라 느끼는 것이다.

행복은
사소한 일상 속에 있다

Happiness is the only good. The time to be happy is now.
The place to be happy is here.
The way to be happy is to make others so.

행복이 유일한 선이다. 행복에 때가 있다면 지금이고,
행복이 있어야 할 곳은 여기이며, 진정으로 행복해지는 방법은
다른 사람도 행복하게 만드는 것이다.

|

로버트 그린 잉거솔Robert Green Ingersoll
미국 남북전쟁 참전 용사, 정치 지도자이며 변호사

행복에 우선하는 선이란 있을 수 없다. 우리가 사는 것도, 일하
는 것도 모두가 행복해지기 위한 것이 아닐까. 그렇다면 행복
이 우리에겐 최고의 선이어야만 한다. 그렇다면 행복은 언제,
어디서, 어떻게 오는가? 아직 오지 않은 내일이 아닌, 지나간
어제도 아닌 바로 지금 이 순간 행복해야 한다. 그리고 지금 내
가 서 있는 이곳이 낙원이고 천국이요, 극락이다. 여기서 행복
해져야 하고, 행복은 나누면 2배가 된다고 하듯이 주변 사람
들을 행복하게 하는 것이 내가 행복해지는 길이다.

행복을 맞이하기 위해
행동하라

Action may not always bring happiness;
but there is no happiness without action.
행동이 항상 행복을 가져다주는 것은 아니지만,
행동하지 않고 얻을 수 있는 행복은 없다.

|

벤저민 디즈레일리|Benjamin Disraeli
영국의 정치가, 작가

행동하지 않고 행복해지는 길은 없다. 일하지 않고 얻을 수 있는 것은 아무것도 없듯 말이다. 물론 무엇이든 열심히 한다고 반드시 행복해지는 것은 아니다. 잘못된 행동은 오히려 불행을 가져다주어 가만히 있는 것만도 못하다.
그래도 일반적으로 하지 않고 후회하는 것보다는 해보고 후회하는 편이 더 낫다. 원인 없는 결과가 없듯 행복도 예외는 아니다. 어떠한 행복이든 행복해지려는 행동의 결과인 것이다.

노년의 행복이
가장 달콤할 수 있다면

There is only one difference between a long life and
a good dinner; that, in the dinner, the sweets come last.

장수와 훌륭한 만찬의 유일한 차이는 만찬에는
달콤한 후식이 마지막에 나온다는 점이다.

|

로버트 루이스 스티븐슨Robert Louis Stevenson
「지킬박사와 하이드」, 「보물섬」의 저자인 영국의 작가

만찬은 식욕을 돋우기 위하여 쓴 것이 먼저 나오고 맨 마지막
에 달콤한 후식이 나온다. 당연히 달콤한 다과를 먼저 먹는다
면 주요리의 맛을 떨어뜨리게 될 것이다. 하지만 인생은 어쩌면
그 반대일지 모른다. 인생의 말년, 노년이 가장 달콤한 시간은
아닐 것이기 때문이다.
젊은 시절의 쓴맛이 있었기에 장년기의 달콤함도 있지만, 그
또한 노년기의 쓸쓸함과 씁쓸함은 피할 수 없는 것이다. 그러
나 청년이든 노인이든 누구나 오래 살고 싶고, 맛있는 만찬을
즐기고 싶어 한다.

누가 뭐래도
자신이 사랑하는 일을 하라

*Doing what you love is the cornerstone of
having abundance in your life.*

자신이 사랑하는 일을 하는 것이 인생의 풍요로움을
가질 수 있게 하는 주춧돌이다.

|

웨인 다이어 Wayne Dyer

1900년대 중반 미국의 동기부여 연설가이자 작가

세상에서 가장 행복한 사람은 자신이 좋아하는 일을 하고 사는 사람이다. 그리고 자신이 사랑하는 일을 하는 사람을 성공한 사람이라고 한다. 어떤 일이든 좋아서 하는 일과 억지로 하는 일은 큰 차이가 난다.

흔히 열심히 하는 사람은 이길 수 없고, 아무리 열심히 해도 즐기는 사람을 이길 수 없다고 한다. 결국 하고 싶은 일, 좋아하고 사랑하는 일을 하는 것이 인생의 행복과 풍요로움을 향한 첫걸음이요 주춧돌이다.

가득 차올라도
더 채우려는 욕심

Simple philosophy of life: Fill what's empty.
Empty what's full. Scratch where it itches.
인생의 단순한 철학:
빈 것은 채우고, 가득 찬 것은 비우며, 가려운 곳은 긁어라.
|
앨리스 루스벨트 롱워스 Alice Roosevelt Longworth
미국 시어도어 루스벨트 대통령의 큰딸로 작가이자 사교계 명사

인생이 이렇게 단순 명쾌하면 얼마나 좋을까. 이렇게 사는 것
이 쉽지 않지만 어쩌면 이야말로 평범하면서도 편안한, 그래서
행복할 수 있는 삶이 아닐까. 배가 고프면 먹고, 배가 부르면
배설하듯이 무엇이든 빈 것은 채우고, 넘치면 비우는 것이 당
연한 것 같지만 쉽지만은 않은 철학이다. 인간의 욕심이 이런
삶을 힘들게 하기 때문이다. 가득해도 더 채우고 싶어 하는 욕
심 말이다. 가렵지도 않은 곳을 긁으면 성질이 나고, 가려운 곳
인데도 긁어주지 않으면 가려워서 힘들다.

관계 속에서
싹트는 행복

The best thing to hold onto in life is each other.
인생에서 꼭 붙잡아야 할 최고의 것은 서로이다.

|

오드리 헵번Audrey Hepburn
영화 〈로마의 휴일〉, 〈티파니에서 아침을〉로 유명한 벨기에 태생의 미국 여배우,
인도주의운동가

흔히들 인간은 사회적 동물이라고 한다. 이는 사람은 누구나 혼자서는 살 수 없는, 그래서 다른 사람들과 같이 함께 살아야 하는 존재로 보는 것이다.

현대 사회에서 종종 문제가 되는 사람 중에는 은둔형 외톨이들이 있다. 이들에게 가장 필요한 것이 바로 사회적 연결망이라고 한다. 그만큼 인간 사회에서 관계는 매우 중요하다. 인생에서 서로가 상대방을 붙잡아야 한다는 말의 의미는 아마 서로에게 의지와 용기를 주며, 힘이 되어주라는 의미일 것이다.

행복한 사람은
현재에 만족할 줄 안다

The more you praise and celebrate your life,
the more there is in life to celebrate.
삶을 칭송하고 축복할수록 인생에서 축복할 일도
그만큼 더 많아진다.

|

오프라 윈프리 Oprah Winfrey
미국의 방송인, 제작자이자 여배우

삶을 고통스러운 것으로 보면 모든 것이 고통의 연속이겠지만,
축복으로 보면 작은 미물마저도 축복의 대상으로 보이고, 작
은 일에도 감탄하고 감사하게 된다. 반대로 웬만한 것으로는
만족하지 못하는 사람에게는 기뻐하고 축복할 일도 그만큼
줄어들게 된다.
이러한 태도와 자세가 더욱 문제인 것은 욕심이 또 다른 욕심
을 낳고 욕망이 또 다른 욕망을 불러일으키기 때문이다. 작은
것에 감사할 줄 안다면 고마운 일, 감사한 일도 그만큼 많아지
고 삶이 좀 더 풍성해지지 않을까.

행복은 여정에 있지
목적지에 있는 것이 아니다

We are at our very best, and we are happiest
when we are fully engaged in work we enjoy on the journey
toward the goal we've established for ourselves.

스스로 정한 목표를 향한 여정에서 즐기는 일에
전적으로 몰두할 수 있을 때 가장 행복하고 최고가 될 수 있다.

얼 나이팅게일Earl Nightingale

미국의 라디오 방송인, 작가이자 대중연설가

그냥 하는 사람은 열심히 하는 사람을 당할 수 없고, 열심히만
해서는 잘하는 사람을 이길 수 없으며, 잘하는 사람이라도 즐
기는 사람을 이길 수가 없다고 한다. 내가 좋아서 즐기며 하는
일과 억지로 하는 일은 과정은 물론이고 결과 또한 절대 같을
수 없다.

좋아서 하는 일은 힘든 줄 모르고 할 때도 있지만 억지로 하는
일은 힘들고 괴롭다. 세상에서 가장 행복한 사람은 좋아하는
일을 즐기며 하는 사람이라고 한다. 그리고 결국 좋아하는 일
을 즐기는 사람이 최고가 된다.

모자라는 부분을
채워 가는 것이 행복이다

Even a happy life can not be without a measure of darkness,
and the word happy would lose meaning
if it were not balanced by sadness.

행복한 삶일지라도 약간의 어두운 구석이 없을 수 없으며,
행복이라는 단어도 슬픔으로 균형을 이루지 못한다면
의미를 잃고 말 것이다.

칼 융 Carl Jung
분석심리학을 개척한 스위스의 정신의학자

아파 본 사람이 항상 건강한 사람보다 건강의 중요성을 더 잘
알게 되고, 배고픈 사람이 배부른 사람에 비해 음식의 소중함
을 더 잘 알며, 슬픈 일을 겪어 본 사람이 그렇지 않은 사람보
다 기쁨의 맛을 더 느낄 수 있는 것이다.

인생이라는 여정에 항상 파란불만 켜지고, 항상 쉬운 길만 있
는 것은 아니다. 비 온 뒤의 땅이 더 굳어지고, 비 개인 뒤의 해
가 더 밝고 따뜻하다. 불행을 경험해본 사람이 행복에 더 감사
하고 더 큰 행복을 느끼게 된다.

서로의 불행이 아니라
서로의 행복에 의해 살아가기

I used to think that the worst thing in life was to end up alone.
It isn't. The worst thing in life is to end up with people
who makes you fell alone.

인생에서 최악의 경우는 혼자가 되는 것이라고 생각했으나
그렇지 않다. 최악의 경우는 나를 혼자 넘어지게 내버려 두는
사람들과 있게 되는 것이다.

|

로빈 윌리엄스 Robin Williams
미국의 희극배우

사회적 동물인 우리에게 혼자 남게 되는 것은 가장 불행하고
무서운 재앙일 것이다. 극단적으로 은둔하는 외톨이가 때로
는 사회적 문제아가 되기도 하지 않는가. 그러나 노력 여하에
따라서 외로움은 스스로 극복할 수 있어서 최악의 상황은 아
닐 수도 있다.

혹자는 좋은 사람들과 함께 시련을 겪는 것이 나쁜 사람들 사
이에서 안락하게 사는 것보다 낫다고 말한다. 이 말인즉슨 주
변에 함께하는 사람들이 없어서 외로울지언정 수렁에 빠뜨리
거나 넘어지게 하는 사람들 사이에 있는 것보다는 오히려 덜
불행하다는 것이다.

우리는 삶을 받아서 꾸려 나가고,
나눔을 통해 행복해진다

Our prime purpose in this life is to help others.
And if you can't help them, at least don't hurt them.

이승에서의 가장 중요한 목적은 다른 사람들을 돕는 것이다.
만약 남을 도울 수 없다면 적어도 해치지는 말아야 한다.

|

달라이 라마Dalai Lama
1989년 노벨평화상을 수상한 티베트 불교의 지도자

불교 지도자다운 교훈이다. 불교의 가르침이 없어도 세상은
나 혼자만 살 수 없으며, 서로 도움을 받고 도움을 주면서 살
아야 하는 것은 너무나 평범한 진리이다. 비우고 베풀수록 더
채워진다는 것, 또는 비워야 채울 수 잇다는 말도 다 이런 '이
타행利他行'을 강조한 말일 것이다.

우리가 이 세상에 온 것은 그래서 남을 돕고, 남에게 도움이
되기 위해서일지도 모른다. '이타행'이 아니라면 적어도 '자리
행自利行' 즉 나를 위한 행으로 남에게 피해를 주지는 말아야
할 것이다.

진정으로
좋아하는 일을 찾아라

It is better to be a failure at something you love than
to be a success at something you hate.

싫어하는 일에 성공하기보다는 좋아하는 일에
실패하는 편이 더 낫다.

조지 번즈 George Burns
〈악마의 유혹〉, 〈선샤인 보이〉에 출연했던 미국 배우

세상에서 가장 행복한 사람은 자신이 좋아하는 일을 하고 사는 사람이라고 한다. 또는 자신이 하는 일을 사랑한다면 성공한 사람이라는 말도 있다. 우리가 바라는 가장 바람직한 생활은 결국, 내가 좋아하는 일을 하면서 사는 것이다. 그러나 자기가 좋아하는 일을 한다고 해서 다 성공적일 수는 없을 것이다. 반면에 자신의 뜻과 달리 좋아하지도 않지만 어쩔 수 없이 하는 일은 노역이나 고문에 가깝다. 결국 좋아하는 일을 성공적으로 잘하지 못더라도 하기 싫은 일을 억지로 잘하는 것보다는 낫다.

행복은
평범한 일상 속에 있다

A man is a success if he gets up in the morning and
goes to bed at night and in between does what he wants to do.

아침에 일어나고 저녁에 잠자리에 들며,
그 사이에 자신이 원하는 일을 할 수 있다면 성공한 사람이다.

ㅣ

밥 딜런Bob Dylan
미국의 싱어송라이터

어쩌면 지극히 소박한 삶 같지만, 결코 쉽지 않은 일이기도 하
다. 매일 아침 건강한 모습으로 일어날 수 있는 것도 행복이고,
밤마다 편안한 수면을 취할 수 있다면 더더욱 복 받은 삶이다.
편하게 잠자고 건강하게 기상하는 일상조차도 사실은 건강,
재정, 가정, 직장 등 이런저런 이유로 결코 쉽지만은 않기 때문
이다. 더구나 일마저 내가 하고 싶고 좋아하는 일을 할 수 있다
면 그야말로 금상첨화가 아닐까.

당신이 하는 일에서
행복을 찾아라

Success is not the key to happiness.
Happiness is the key to success.
If you love what you are doing, you will be successful.

성공이 행복의 열쇠가 아니라, 행복이 성공의 열쇠이다.
자신이 하는 일을 사랑한다면 성공적이라고 할 수 있다.

|

알버트 슈바이처Albert Schweitzer
생명에 대한 경외를 강조하는 독일 출신의 프랑스 의사

성공한 사람은 다 행복할까? 행복해지려면 성공해야만 할까?
쉽게 답할 수 있는 문제는 아니다. 하지만 성공이 외부적 요인
이며 우리의 통제 밖에 있는 데 반해, 행복은 내적인 것으로 우
리의 마음먹기에 달려 있다. 외부적인 조건을 바꾸는 것보다
는 우리의 마음을 바꾸는 것이 훨씬 쉬운 방법일 것이다.
따라서 행복이 성공의 조건이요 열쇠이며, 행복한 사람이 성
공한 사람이라는 것은 진실이다. 그렇다면 어떤 사람이 행복
한 사람인가. 내가 좋아하는 일을 하고 그 일을 사랑한다면,
행복한 삶을 살고 있다고 말할 수 있을 것이다.

오늘 내가 누리는 행복 이면에
타인의 고통이 있다

People don't notice whether it's winter or summer
when they are happy.
사람들은 자신이 행복할 때는 겨울인지 여름인지도
알아차리지 못한다.
|
안톤 체호프 Anton Chekhov
러시아의 의사이자 단편소설가, 극작가

옛말에 '과부가 홀아비 사정 안다'라는 말이 있다. 같은 처지
의 사람이 서로를 더 잘 안다는 뜻이다. 배가 고파 빵을 달라고
외치며 행진하는 사람들에게 "빵이 없으면 케이크를 먹으면
되잖아"라고 말했다는 마리 앙투아네트 왕비처럼, 내가 행복
하면 모두가 행복한 줄 알고 남의 사정을 이해하지 못하는 사
람들이 있다. 겨울에는 난방이 잘 돼 추위를 모르고 여름에는
냉방이 잘 돼 더위를 모르기에 계절의 변화도 중요하지 않을
것이다. 가진 자일수록 이해와 배려가 필요하다.

단순하면서도
명쾌한 삶의 진리

In dwelling, live close to the ground.
In thinking, keep to the simple. In conflict, be fair
and generous. In governing, don't try to control.
In work, do what you enjoy. In family, be completely present.

항상 땅에 머무를 것이며, 생각은 단순하게 하고,
갈등에는 공정하고 너그러워야 한다. 나라를 통치할 때는
지배하려 하지 말며, 일은 즐기는 것을 삼고, 가정에 충실하라.

|

노자老子
중국 춘추시대 노나라의 철학자

예부터 사람은 땅을 밟고 흙냄새를 맡으며 살아야 한다고 들었다. 이는 아마도 땅의 정기를 받거나 안정감을 가져야 하기 때문일 것이다. 어떠한 생각이건 단순할수록 명쾌하며, 관계나 거래의 문제가 생기면 내가 손해를 볼지라도 편파적이지 않아야 하고, 사람과 조직은 지배의 대상이 아니라 동행의 대상이어야 하며, 자신이 하는 일을 즐기고 사랑하는 사람이 성공하고, 가정에는 항상 전력투구하는 것이 삶의 지혜이다.

친절한 말 한마디가
우리가 사는 세상을 즐겁게 한다

Kind words can be short and easy to speak,
but their echoes are truly endless.
친절한 말은 말하기 쉽고 짧지만, 그 반향은 진정 끝이 없다.

|

테레사 수녀Mother Teresa
사랑의 선교회 활동으로 노벨 평화상을 수상한 인도의 로마 가톨릭교회 수녀

어린 시절 동산에 올라 야호를 외쳐본 경험들이 있을 것이다.
물론 지금도 산행을 하면 한 번쯤은 외치기도 한다. 그리 크지
않은 소리지만 멀리 맞은편 산까지 그 메아리가 퍼져 나가지
않던가.
친절한 말도 그렇다. 힘들지 않고 비용이 요구되는 것도 아니
다. 그 짧은 한마디가 가져다주는 반향은 이루 말할 수 없이
크고 오래간다. '칭찬은 고래도 춤추게 한다'거나 '발 없는 말
이 천리 간다'라는 말이 다 말의 중요함을 일깨워주는 것이다.

인생은 짧으니,
사랑을 미루지 말라

Never waste an opportunity to express your love to someone,
because another opportunity is something
life cannot promise.

인생은 또 다른 기회를 약속할 수 없기에
누구에게 사랑을 표현할 수 있는 기회를 헛되이 버리지 마라.

|

트렌트 셸턴Trent Shelton

전직 미식축구선수로 기독교에 기초한 비영리 단체 창설자

우스갯소리로 '있을 때 잘해'라는 말을 곧잘 한다. 또는 '사랑
은 용기 있는 사람의 차지'라고도 한다. 이런 말들은 곧 사랑할
기회도, 사랑할 사람도 나를 위해 언제까지라도 주어지고 기
다리는 것이 아니라는 말일 것이다.

사랑하는 사람을 잃은 사람들은 함께 있을 때 좀 더 잘해주지
못한 것, 더 많이 사랑해주지 못한 것을 가장 아쉬워한다. 인
생에는 연습이 없다. 사랑도 미움도 예외가 아니다. 더구나 사
랑은 표현하는 것이다. 말로, 행동으로, 표정으로, 글로 사랑
은 표현해야 맛이다. 지나쳐 버린 기회는 또 다시 오지 않는다.

최고의 행복은 우리가 사랑받고 있음을
확신하는 것이다

The consciousness of loving and being loved brings
a warmth and richness to life that nothing else can bring.
사랑받고 사랑하는 감정은 우리들의 삶에 그 어떤 것도
가져다줄 수 없는 따뜻함과 풍요로움을 가져다준다.

|

오스카 와일드 Oscar Wilde
아일랜드의 극작가, 소설가, 시인

인류 역사에서 가장 보편적이면서도 가장 숭고한 가치가 있다
면 아마도 사랑일 것이다. 모성과 모정이라는 어머니의 자식
사랑, 효도라고 하는 자식의 부모 사랑, 친구끼리의 사랑인 우
정, 연인 간의 사랑에 이르기까지 삶의 대부분은 사랑하고 사
랑받는 일이다. 바로 그 사랑 속에서 우리의 삶은 더욱 살찌는
것이다. 사랑이 있기에 추위도, 어려움도, 아픔도 이길 수 있는
것이다. 사랑은 그래서 의식, 정신의 양식이라고 하지 않는가.

사랑에 빠져본 사람이라면
이해할 수 있는 것

Time is too slow for those who wait,
too swift for those who fear, too long for those who grieve,
too short for those who rejoice,
but for those who love, time is eternity.

시간이란 기다리는 사람에겐 너무 느리고, 두려워하는 사람에겐
너무 빠르며, 슬퍼하는 사람에겐 너무 길며, 즐기는 사람에겐
너무 짧지만, 사랑하는 사람에겐 영원하다.

헨리 반 다이크 Henry Van Dyke
미국의 작가, 교육자이자 종교인

시간은 사랑하는 사람을 기다리는 사람에게는 너무 느리게 가
지만, 시한부 인생을 사는 사람에게는 속절없이 빠르기만 하다.
영원을 꿈꾸는 연인들에게 시간은 항상 부족하지만, 군사 훈
련장의 가스실에서는 순간순간이 너무나 길기만 하다. 이처럼
똑같은 시간일지라도 자신이 처한 상황에 따라서 천차만별이
다. 시간이란 누구에게나, 언제 어디서나 같은데도 말이다.

사랑도
연습이 필요하다

You learn to speak by speaking, to study by studying,
to run by running, to work by working.
In just same way, you learn to love by loving.

말을 함으로써 말을 배우고, 공부를 함으로써
공부하는 법을 배우며, 뜀박질을 함으로써 달리는 법을 배우고,
일을 함으로써 일하는 법을 배운다. 마찬가지로,
사랑을 함으로써 사랑을 배우는 것이다.

|

아나톨 프랑스Anatole France
프랑스의 고전주의 문학가이자 비평가

학습이론가들에 따르면, 거의 모든 인간의 행동은 학습의 결
과라고 한다. 무엇이든 직접 해 보지 않고 제대로 배우기란 힘
들다. 도둑질도 해 본 놈이 잘한다는 말처럼 말이다.

공부도 해 본 사람이 잘하고, 말도 해 보지 않고는 배울 수 없
으며, 비교적 단순한 작업이라도 배워야만 잘할 수 있다. 사랑
도 예외는 아니어서 사랑하거나 사랑받아 본 적이 있는 사람
이 더 많은 사랑을 주고받을 수 있다.

사랑하는 것이
인생이다

Life is a song, sing it. Life is a game, play it.
Life is a challenge, meet it. Life is a dream, realize it.
Life is a sacrifice, offer it. Life is a love, enjoy it.

인생은 노래다, 노래 불러라. 인생은 놀이이다, 놀이하라.
인생은 도전이다, 응전하라. 인생은 꿈이다, 실현하라.
인생은 희생이다, 베풀어라. 인생은 사랑이다, 즐겨라.

|

사티아 사이 바바Sathya Sai Baba
인도의 정신적 지도자, 박애주의자이자 힌두교 스승

인생은 음악처럼 감미로운 것이며, 노래는 불러야 제맛이다.
인생은 게임이며 경기하지 않는 게임은 의미가 없다. 삶의 하루
하루가 도전이며 응하지 않는 도전은 도피요, 굴복이다. 인생
은 꿈꾸는 것이며, 실현되지 않는 꿈은 허상이다. 인생은 누군
가를 위한 희생의 연속이며, 베풀지 않는 인생은 희생하지 않
는 인생이다. 그보다 더 중요한 것은 사랑이 없는 삶은 삶이 아
닌 전쟁이라는 사실이다. 인생은 사랑이며, 사랑은 만끽하는
것이다.

사랑에 의지해
사는 사람들

Life's most and persistent question is,
"what are you doing for others?"

일생 동안 가장 빈번하고 지속적으로 듣는 질문은,
"타인을 위하여 무엇을 하고 있는가?"이다.

마틴 루터 킹 2세 Martin Luther King, Jr.
미국 침례교 목사로 인권운동가이자 흑인해방운동가

헌신적이고 희생적인 베푸는 삶을 사는 것을 '이타행'이라고
한다. 즉, 타인을 위한 행동이라고 하며, 그러한 마음가짐을
'이타심'이라고 한다. 영어로는 'After you', 즉 '당신 먼저'라는
생활신조와 방식도 있다. 이러한 말들이 칭송받는 이유는 자
기희생과 헌신이 어려운 것이지만 꼭 필요하기 때문일 것이다.
베풀 수 있고, 남을 먼저 생각할 수 있는 여유가 있어 좋고, 상
대가 웃고 행복해져서 좋다.

사랑은 누구보다도
자신을 위한 선물이다

Life becomes harder for us when we live for others,
but it also becomes richer and happier.

타인을 위한 삶을 살 때 우리의 인생은 더 힘들어지지만
동시에 더 풍요롭고 더 행복해진다.

|

알버트 슈바이처Albert Schweitzer

'생명에 대한 경외' 사상으로 1952년 노벨평화상을 받은 독일 태생의 프랑스 의사이자 철학자

나 혼자 살기도 힘든 세상에서 남까지 챙기며 살기란 보통 일
이 아닐 것이다. 그래서 우리는 이기적인 사람은 비난하고, 반
대로 이타적인 사람은 칭송한다. 물론 말로는 슬픔은 나누면
반으로 줄고, 기쁨은 나누면 두 배가 된다고 나누는 삶을 강조
하고 있지만 특히 경쟁을 부추기는 사회일수록 나눔이란 더
어렵기만 하다. 그런데 나눔이 꼭 여유가 있어야 할 수 있는 것
은 아니다. 오히려 나누기 때문에 여유로워지는 것이다.

행복이란 무언가를
사랑하는 데서 온다

Work like you don't need the money,
love like you have never been hurt and
dance like no one is watching.

일하라, 돈이 필요하지 않은 것처럼.
사랑하라, 한 번도 상처받은 적 없는 것처럼.
춤춰라, 아무도 지켜보지 않는 것처럼.

|

마크 트웨인Mark Twain
『톰 소여의 모험』을 쓴 미국의 소설가

단순히 돈 때문에 일한다면 그건 노동이고, 노역이다. 일은 즐
거워야 한다. 사람들은 직업보다 취미 활동을 더 즐거워한다.
직업은 돈 때문이고 취미는 그냥 좋아서 하기 때문이다.
사랑도 그렇다. 과거의 상처가 있다면 또 다시 사랑하기가 쉽지
않고, 사랑을 다시 시작해도 과거의 아픔 때문에 그렇게 열렬
하기가 쉽지 않을 것이다. 일은 좋아서 하고, 사랑은 처음처럼
하라. 일은 즐거워지고 사랑은 더 깊어질 것이다.

친절에 대한 가장 큰 보답은
감사하는 마음으로 사는 것이다

As we express our gratitude,
we must never forget that the highest appreciation is
not utter words, but to live by them.

고마움을 표하는 가장 좋은 방법은 말로 표현하는 것이 아니라
감사한 마음으로 살아가는 것임을 잊지 말아야 한다.

|

존 F. 케네디 John F. Kennedy
미국의 35번째 대통령

말 한마디로 천 냥 빚도 갚는다고 말의 중요성을 잊어서는 안
된다. 사랑과 고마움은 표현할수록 더욱 깊어지며, 감사하는
마음이 담긴 말은 비용이 들지 않으면서도 듣는 이를 기쁘게
한다.

진정성이 없는 말치레는 아예 하지 않는 게 더 낫다. 하지만 감
사와 고마움도 백 마디 말보다는 행동으로 보여주는 것이 훨
씬 더 진심으로 와 닿으며 감동적이다. 부모님께 감사한 마음
을 말로만 표현할 게 아니라 정성으로 보살펴 드리는 것이 진
정한 효도일 것이다.

좋은 친구는 언제라도
당신의 문제가 무엇인지 알려 줄 것이다

Whatever you do in life, surround yourself
with smart people who will argue with you.

인생을 살면서 무슨 일을 하건, 나와 논쟁할 수 있는
현명한 사람들을 주변에 두어라.

|

존 우든 John Wooden
선수 출신의 미국 대학농구 UCLA의 전설적인 감독

진정한 친구는 남들이 다 'NO'라고 할 때 'YES'라고 할 수 있
고, 남들이 다 'YES'라고 할 때 'NO'라고 할 수 있는 사람이다.
주변에 소위 '예스맨'만 있다면 제대로 듣고 보지 못하여 상황
을 정확하게 판단할 수 없다. 더구나 그런 사람의 아부는 항상
더 달콤하게 들리기 때문에 바른 소리, 쓴소리가 들리지 않고,
듣기조차 싫어지게 만든다. 그래서 언제라도 따질 땐 따지고,
필요하다면 논쟁을 해서라도 정확한 판단과 결정을 할 수 있
게 해 주는 사람이 주변에 많아야 한다는 것이다.

더불어 사는
지혜를 찾자

Give me a lever long enough and
a fulcrum on which to place it, and I shall move the world.

나에게 충분히 긴 지렛대와 받침대만 있다면
세상을 움직일 것이다.

|

아르키메데스Archimedes

고대 그리스의 수학자, 천문학자이자 물리학자, 철학자

역시 대수학자다운 명언이다. 과학적인 이야기지만 사실은 우리 인생을 말하고 있다. 여기서 받침대를 우리 모두의 근본이라고 한다면 지렛대는 삶의 지혜라고 할 수 있을 것 같다. 달리말해서 지렛대가 자신이라면 받침대는 당신이 속한 사회와 주변일 수도 있겠다. 어떤 경우이든 사람은 혼자일 수 없으며, 주변과 함께 살아가야 하고, 지혜롭게 생각하며 기지를 발휘하여야 한다는 고언이 아닐까.

불행은 누가 진정한 친구인지
아닌지를 보여준다

Trouble is a part of your life –if you don't share it,
you don't give the person who loves you a chance to love you.

난관은 인생의 한 부분이다.
만약 나의 어려움을 나누지 않는다면,
나를 사랑하는 사람에게 나를 사랑할 기회를 주지 않는 것이다.

|

다이나 쇼어 Dinah Shore
미국의 가수이자 배우 겸 텔레비전 방송인

우리네 인생이 뻥 뚫린 고속도로라면 좋겠지만 아마 이 세상
누구도 그런 평탄한 삶의 여정만을 즐길 수는 없으리라. 흔히
인생을 산에 비유하곤 하지 않는가. 문제는 그 고난을 혼자 견
디기는 더 힘들다는 것이다.

멀리 가려면 같이 가라고 했다. 그래야 힘이 덜 든다. 또 병은 알
려야 명약과 명의를 찾을 수 있고, 치료할 수 있다. 내가 잘나갈
때는 아첨하는 사람들이 많겠지만 어려울 때 같이 하는 사람
이야말로 진실한 사람이다. 가족, 연인, 친구는 힘든 순간들을
함께하기에 내가 사랑하고, 그들이 나를 사랑하는 것이다.

친구가 있어서 힘든 시간도
함께 이겨낼 수 있다

Don't walk in front of me; I may not follow.
Don't walk behind me; I may not lead.
Just walk beside me and be my friend.

내 앞에서 걷지 마라, 내가 따르지 않을지도 모른다.
내 뒤에서 걷지 마라, 내가 인도하지 않을지도 모른다.
그냥 내 곁에서 걸으며 내 친구가 되어라.

|

알베르 카뮈Albert Camus
프랑스의 언론인, 철학자이자 작가

친구와 함께 길을 간다는 건 설레면서도 든든하다. 먼 길을 가다 보면 자연히 어려움을 겪게 되는 데 이럴 때 한 친구가 다른 친구를 앞서서 이끌기도 하고, 다른 친구가 그를 뒤따르며 의지하기도 한다. 힘든 길을 갈 때 내 친구가 나를 앞서거나 뒤따르는 것을 너무 의식하지 않아도 된다. 내가 친구를 앞서서 이끈다고 잘난 척하거나 부담스러워 할 필요는 없으며, 내 친구가 나를 앞서서 길을 이끈다고 자격지심을 느끼거나 미안해할 필요도 없다. 오르막길과 장애물을 넘어 다시 평지에 이르면 두 친구는 다시 나란히 걷게 될 것이다.

언제나 선한 사람과
함께하라

Being sad with the right people is better than
being happy with the wrong people.

선한 사람과 슬퍼지는 것이
악한 사람과 행복해지는 것보다 더 낫다.

|

필리포스 시리고스 Philippos syrigos
그리스 일간지 〈엘레 프테로티피아〉의 기자

사람을 평가하고 판단하는 기준과 관점은 다양할 수 있지만
그 사람이 관계하는 주변 사람들을 보면 그 사람이 어떤 사람
인지 금방 알 수 있다고 한다. 그만큼 주위 사람들의 중요성을
강조하는 말일 것이다.
조금 힘들지라도 좋은 사람과의 만남이 더 행복하고, 반대로
조금 더 편할지라도 나쁜 사람과의 만남은 결국은 불행의 씨
앗이 되고 만다. 인간이 혼자서는 살 수 없는 사회적 동물임을
고려한다면 어떤 사람을 곁에 둘 것인지에 관한 문제는 점점
더 중요해질 것이다.

행복한 삶의 비결은
사람들과 조화롭게 살아가는 것이다

The most important single ingredient in the formula
of success is knowing how to get along with people.

성공의 공식에서 가장 중요한 요소 중 하나는
사람들과 잘 어울릴 줄 아는 것이다.

|

시어도어 루스벨트 Theodore Roosevelt
미국의 정치인이자 작가로 혁신주의를 표방했던 미국의 26대 대통령

현대사회에서는 누구도 혼자서 살 수 없다. 굳이 인간을 사회
적 동물이라고 새삼 강조하지 않아도 세상은 사람들과 같이
살아가는 곳이다. 그렇다면 누가 더 좋은 사람들과 더 많이, 더
잘 지내는가가 성공의 중요한 변수로 작용하게 된다. 그래서
NQ Network Qutiennt, 즉 공존지수를 현대인의 가장 중요한 능력
으로 평가하는 것이다. 사람들과 잘 어울리고, 관계가 좋은 사
람일수록 성공 가능성도 높아진다.

더불어 살 수 없는 지혜는
공허하다

Wisdom ceases to be wisdom
when it becomes too proud to weep, too grave to laugh,
and too selfish to seek other than itself.

지혜가 너무나 자랑스러워 슬퍼하지 못하고,
너무나 용맹스러워 웃지 못하며, 너무나 이기적이서서
자신 외의 다른 것을 찾지 않을 때 더 이상 지혜가 아니다.

칼릴 지브란 Khalil Gibran
레바논계 미국인 예술가이자 작가

지나치게 자랑스러우면 자만이요, 지나치게 용맹스러워도 만
용이며, 너무나 이기적이면 나밖에 알지 못한다. 어느 하나도
지혜로운 사람의 모습이 아니다. 자만에 빠진 사람, 만용을 부
리는 사람, 더구나 나밖에 모르는 이기주의자가 지혜롭지 못
한 것은 오직 자신만의 생각에 빠져 있기 때문이다. 자만하기
보다 겸손하고, 만용을 부리기보다 신중을 기하며, 이기적이
기보다 이타적인 사람이 진정 지혜로운 사람이다.

시간은
아무도 기다려 주지 않으므로

No duty is more urgent than that of returning thanks.

고마움을 되갚는 것보다 더 급한 것은 없다.

|

성 암브로시오 St. Ambrose

4세기 서양교회의 4대 교부 중 한 사람으로 밀라노의 주교이자 법률가

오른손이 하는 일을 왼손이 모르게 하라는 가르침이 있듯이 남을 위한 일이나 남에게 베푼 것은 아무도 모르게 하고, 스스로도 그것을 잊어버려야 한다. 반면에 은혜를 입었거나 도움을 받았다면 반드시 갚아야 하는 것이 도리이다. 은혜와 도움에 감사할 줄도 모른다면 짐승보다 나을 게 뭐가 있을까.

벗을 고를 때는 신중해야 하며,
헤어질 때는 더욱 신중히 해야 한다

In the end everyone will hurt you.
it's up to you decide who is worth the pain.

결국에는 모든 사람이 우리에게 상처를 입힐 것이다.
그 고통을 감내할 가치가 있는 사람을 결정하는 것은
바로 자기 자신이다.

|

작자 미상

인간관계의 끝은 헤어짐이다. 헤어짐은 때로 속이 후련한 경우
도 있지만 대부분 고통을 동반한다. 특히 사별하는 경우라면
그보다 더 큰 고통은 없다. 연인들의 이별도 아름다운 이별이
있을 수 있겠지만 고통스럽기는 마찬가지일 것이다. 이별이 아
니라도 인간관계는 대부분 좋지 않게 끝나기 마련이다. 아무
런 문제가 없는 관계라면 끝이 있을 수 없지 않은가. 그 고통을
감수하고라도 인연을 맺고 이어가고 싶은 사람은 스스로 선택
할 일이다.

진실한 사람을
알아보는 방법

The true measure of a man is how he treats someone
who can do him absolutely no good.

사람을 판단하는 진정한 척도는 자신에게 전혀 이롭지 않은 일을
할 수 있는 사람을 어떻게 대하는가이다.

|

앤 랜더즈Ann Landers
〈시카고 선타임스〉 독자 상담 코너를 담당하는 칼럼니스트의 필명

누군가를 평가하거나 판단할 때 가장 좋은 방법은 자신보다
낮은 곳에 있거나, 가장 어려운 시기와 상황에 있는 사람을 어
떻게 대하는가를 보는 것이다. 자신에게 도움은 고사하고 내
도움을 필요로 하는 사람임에도 진정으로 염려하고 가까이
할 수 있다면 진실한 사람이지만, 도움을 받거나 이용할 가치
가 있는 사람만 상대한다면 위선자일 것이다. 더구나 나에게
해를 끼칠 수도 있는 사람임에도 진실하게 대할 수 있다면 그
만큼 그릇이 크고 아량이 넓은 선인에 가까운 사람이다.

인연을 소중히 하되
<u>함부로 맺지 말아야 한다</u>

The two hardest things to say in life are
hello for the first time and goodbye for the last.

인생을 살면서 가장 말하기 어려운 두 가지는
처음 만날 때와 마지막 헤어질 때 안녕이라고 말하는 것이다.

|

아일랜드 속담

첫 만남에서 '안녕하세요'라고 인사하기가 쉽지 않은 이유는 먼저 인사를 나누고 싶은 사람을 만나기부터 쉽지 않으며, 설사 만나더라도 첫인사를 주고받는 것은 또 다른 일이기 때문이다. 여기서 중요한 것은 좋은 사람을 만나서 교류를 시작하는 것이리라.

한편 헤어질 때 '안녕'은 만날 때 안녕보다 어쩌면 더 어려울지도 모른다. 나쁜 사람과의 헤어지는 것도 그 나름대로 어려움이 있는데, 더구나 좋은 사람과 헤어지는 것은 훨씬 더 어려운 일일 것이다. 사랑하는 사람과의 짧은 이별이나 죽음으로 인한 영원한 이별을 생각해보라.

누구를 곁에 두느냐에 따라
인생이 달라진다

Fate decides who walks into your life.
You decide who you let stay, who you let walk away,
and who you refuse to let walk out.

우리의 인생에 깊이 관계를 짓는 사람을 결정하는 것은
운명이지만, 그들 중에서 누구를 남기고, 누구를 떠나보내며,
누구를 떠나가지 못하게 할 것인가는 우리의 몫이다.

작자 미상

우리는 스스로 부모와 형제를 선택할 수 없다. 태어나는 것 자
체도 마찬가지이다. 어쩌면 그것은 운명의 소산이다. 그러나
인생에서 중요한 사람들과 인연을 맺는 것은 나 스스로 결정
할 일이다. 가장 비근한 예로 내 친구나 배우자는 내가 선택하
여 결정하는 것이지 하늘이 내려주는 운명이 아니다.
반대로 내가 싫은 사람은 싫다고 만나지 않는 것도 내가 할 일
이지 다른 누군가가 해주지 않는다. 내 곁에 두고 싶은 사람도,
나를 떠나도록 내버려 두고 싶은 사람도, 나를 떠나지 못하게
잡아두고 싶은 사람도 모두가 나의 선택이다.

친절을 통해
서로를 이해하다

If someone has something bad to say about you,
it's probably because they have nothing good to say
about themselves.

누군가가 나에 대해서 나쁜 말을 한다면,
아마도 그들 스스로 좋은 점이 하나도 없기 때문일 것이다.

질Jill
만화 〈My Pet Monster(1987)〉의 캐릭터

남을 험담하는 것은 스스로 자랑할 것이 없기 때문이라고 한
다. 스스로 자신이 있고 자랑스러우면 굳이 남을 비하하거나
평가절하하거나 비난할 아무런 이유가 없다. 험담은 남을 탓
함으로서 자신의 부족함이나 어두운 곳을 가리거나 감추려
고 하는 의도가 깔려 있다. 쉬운 말로 '가는 말이 고와야 오는
말도 곱다'라고 하지 않던가. 나 자신을 존중하고 긍지를 느낀
다면 다른 사람들 또한 존중하고 칭찬해줘야 그들도 내 장점
을 봐줄 것이다.

가는 인연 쫓지 말며,
오는 인연 막지 말라

When people walk away from you, let them go.
Your destiny is never tied to anyone who leaves you,
and it dosen't mean they are bad people.
It just means that their part in your story is over.

사람들이 나를 떠나려고 하면, 떠나게 하여라.
내 운명은 나를 떠나는 그 누구와도 엮여 있지 않으며,
그렇다고 그들이 나쁜 사람이라는 것도 아니다.
단지 내 인생사에서 그들의 역할이 다 끝났음을 의미한다.

|

토니 매컬럼Tony McCollum
목사

흔히 '갈 사람은 가고, 있을 사람은 있어라'라는 말을 자주 하
곤 한다. 사람들이 가든 오든 말리지 않겠다는 뜻이다. 나에게
중요한 타인들은 대부분 운명처럼 나타나기도 하지만 떠나는
사람 또한 운명으로 받아들이는 편이 마음 편하다.

때로는 극단적으로 서로를 증오하게 되는 경우도 있지만, 많
은 경우 어쩔 수 없이, 아니면 서로가 맞지 않아서 떠나고 떠나
보내기도 한다. 그러나 사람이 나빠서라기보다는 아마도 내
운명에, 아니면 내 인생에 그 사람의 자리와 역할이 거기까지
였기 때문일 것이다.

기쁨을 나눴더니 질투가 되고, 슬픔을 나눴더니 약점이 된다?

Never tell your problems to anyone. 20% don't care
and the other 80% are glad you have them.

자신의 문제를 아무에게도 말하지 마라.
20%는 신경도 쓰지 않으며, 나머지 80%는
당신이 문제가 있다는 것을 기뻐한다.

루 홀츠 Lou Holtz
노트르담대학교의 미식축구 전 감독

예전에는 아프다는 소문을 내야 명의나 명약을 소개받을 수
있어 병을 더 쉽게 치료할 수 있다고 했다. 지금도 자신의 아픔
을 들어줄 사람이 없어서 병이 나고 심지어 자살이라는 극단
적인 선택까지도 하는 경우가 종종 있다.

다른 사람에게 본인이 겪는 정신적인 고통을 털어놓는 것은 가
족, 친구, 스승, 상담사, 의사 등 특별한 사람과의 관계에서나 가
능한 일이지 누구에게나 상의할 수 있는 일이 아니다. 실제로
대부분의 사람들은 남의 일에 대해서 무감각하며, 일부 사람
들은 타인의 고통을 악용하기까지 한다. 나의 문제를 타인에
게 말하는 동시에 그것이 나의 약점이 될 수도 있는 것이다.

상대가 요청하기 전까지는
충고하지 말라

Advice is what we ask for when we already know
the answer but wish we didn't.

충고란 이미 답을 알고 있지만 몰랐기를 바랄 때
요청하는 것이다.

|

에리카 종Erica Jong
『비행의 두려움(Fear of flying)』의 저자인 미국의 작가이자 교사

사람들이 충고를 듣고자 할 때 대부분은 문제의 해결 방안을
이미 알고 있다고 한다. 그렇다면 왜 사람들은 충고를 갈망하
는가? 아마도 문제에 대한 답을 원한다기보다는 자신이 이미
가지고 있는 방안을 확인받고 싶거나 용기를 얻고 싶거나 부
담을 덜고 싶어서일 것이다.

자신의 문제는 스스로가 가장 잘 안다. 그리고 자신의 능력을
자기보다 더 잘 아는 사람은 없다. 그런데도 타인에게 충고를
구하는 것은 연약한 인간의 속성 때문 아닐까.

상대를 설복하는 것보다
감화하는 것이 더 낫다

What wisdom can you find that is greater than kindness?
친절보다 더 위대한 지혜는 없다.

|

장 자크 루소Jean-Jacques Rousseau
스위스 태생의 프랑스 사회계약론자, 공화주의자, 계몽주의 철학자

친절함이 최고의 지혜다. 친절함이란 다른 사람을 먼저 생각
하고, 다른 사람을 위하여 행하고, 베푸는 것이다. 한편으로는
친절함이 공손함과 그 뜻을 같이하기도 한다. 공손함이란 자
신을 낮추고 상대를 높여 공경하는 마음가짐과 행동이라고
할 수 있다. 흔히들 웃는 얼굴에 침 뱉지 못한다고 한다.
남에게 공손하고 친절하다면 누구와도 갈등을 겪을 필요가
없고, 누구를 경계하거나 의식할 이유도 없을 것이다. 어쩌면
싸우지 않고도 이기는 방법이기에 가장 지혜로운 것이 아닐까.

가장 경계해야 할
사람

Whatever you do in life, surround yourself with
smart people who'll argue with you.

인생에서 무엇을 하건 자신과 논쟁을 할
똑똑한 사람들을 주변에 두어야 한다.

|

존 우든 John Wooden
미국 대학농구의 전설적인 감독

세상에서 가장 경계해야 할 사람은 바로 나와 가장 가까이 있
는 사람이라고 한다. 그만큼 중요하기 때문일 것이다. 가까이
두어서는 안 되거나 조심해야 할 사람이 무조건 감언이설만
늘어놓는 사람들이다. 그들은 대체로 아부에 길들여진 사람
이고, 그들의 아부에 익숙해지면 현실을 제대로 직시하고 판
단하기가 어려워진다. 아닌 것은 아니라고 할 수 있는 사람을
주변에 두어야 현실을 직시하고 전진할 수 있다.

낙인,
벗어날 수 없는 굴레

The way you see people is the way you treat them;
and the way you treat them is what they become.

사람을 어떻게 보는가가 그 사람을 어떻게 대하는가를
보여주는 것이고, 그 사람을 어떻게 대하는가가
곧 그 사람이 어떤 사람이 되는가를 결정하게 된다.

|

요한 볼프강 폰 괴테 Johann Wolfgang von Goethe
바이마르공화국에서 재상을 지낸 독일의 작가, 철학자

'부엌에서 새는 바가지는 밖에서도 샌다'라는 옛말이 있다. '집에서 욕먹는 개는 나가서도 욕먹는다'라는 말도 비슷한 의미로 쓰인다. 곧 상대방에 대한 우리의 관점이 일종의 낙인이 되어 그가 대중들로부터 그렇게 비춰지도록 만들고, 그 자신도 사람들 눈에 비친 모습에 상응하는 행동을 하고 만다는 것이다. 특히 아이들을 대하는 태도는 그 아이가 어떤 사람으로 성장하는가에 결정적인 영향을 줄 수 있다.

처세에서
경계해야 할 것

Appearances are often deceiving.
외관은 때로는 속임수이다.

|

이솝Aesop
이솝 우화로 유명한 기원전 6세기경의 고대 그리스 사람

오래전부터 우리는 사람을 평가하거나 판단할 때 '신언서판' 이라고 해서 가장 먼저 그 사람의 외관을 본다고 한다. '같은 값이면 다홍치마', '보기 좋은 떡이 맛도 좋다'와 같은 속담도 이런 인식을 보여 주는 증거이다. 그러나 사람에 따라서는 '겉 다르고 속 다르다'고 하여 겉만 보고는 그 사람을 정확하게 판 단할 수 없는 경우도 있다. 그래서 가끔은 사람의 겉과 속, 즉 겉보기와 행실이 다른 경우를 보고 '그 사람 그렇게 안 봤는데' 하며 실망하곤 한다.

가장 소중한 사람은
바로 내 앞에 있다

Never look down on anybody unless you are helping him up.
누군가를 일으키려고 도움을 주려 할 때가 아니면
결코 누구도 내려다보지 말라.

|

제시 잭슨 Jessie Jackson
미국의 목사, 흑인 지도자이면서 인권운동가

누구도 내려다보지 말라는 것은 누구도 무시하거나 경시하거
나 함부로 대하지 말라는 뜻일 것이다. 흔히들 사람 위에 사람
없고, 사람 밑에 사람 없다고 하지 않는가. 누군가에게 도움의
손길을 주기 위해서라면 내려다보는 것처럼 보이지만 사실은
내려다보는 것이 아니라 내 머리와 고개와 허리를 굽히고 숙이
는 것이다.

우리 모두는 보이지 않는 끈으로
연결되어 있다

Where there is a charity and wisdom,
there is neither fear nor ignorance.
자선과 지혜가 있는 곳엔 두려움도 무지도 없다.

|

아시시의 성 프란체스코 Francis of Assisi
이탈리아의 로마 카톨릭교회 수사이자 설교가로서 프란치스코회의 창설자

자선은 곧 다른 사람에 대한 이해와 동정, 공감과 베풂이다.
곧 나보다 남을 먼저 생각하고 나보다 남을 위해 먼저 행동하
는 마음이 있어야 가능한 것이다. '이기심'이 아니라 '이타심'
과 '이타행'이 그 핵심이다. 타인을 이해하고 공감하며, 타인을
위하여 무언가를 베풀 수 있다면 당연히 마음의 여유를 가지
게 되어 두려울 게 없지 않을까. 지혜란 어쩌면 조직화된 지식
이라고 할 수 있는 것이기에 지혜로운 사람만이 서로 다른 지
식을 연결하고, 조화로운 관계를 이룰 수 있다.

상냥한 마음이
세상을 아름답게 한다

For beautiful eyes, look for the good in others;
for beautiful lips, speak only words of kindness;
and for poise, walk the knowledge that you are never alone.

아름다운 눈으로는 다른 사람의 좋은 것만 보고,
아름다운 입술로는 친절한 말만 하며,
몸가짐에서는 결코 혼자가 아니라는 것을 알고 처신하라.

|

오드리 헵번 Audrey Hepburn
영화 〈로마의 휴일〉, 〈티파니에서 아침〉로 유명한 벨기에 태생의 여배우, 인도주의 운동가

세기의 여배우다운 이야기다. 별과 달이 아름다운 것은 내가
그것들을 아름답게 보기 때문이다. 사람에게도 마찬가지다.
그 사람의 아름다움을 보고, 그 사람을 아름답게 보면 그 사
람이 아름다운 것이다. 마치 사랑에 눈먼 사람에겐 사랑하는
이의 모든 것, 설사 아름답지 않은 부분까지도 다 아름답게 보
이는 것처럼 말이다.
말도 마찬가지이다. 하고많은 좋은 말 다 놔두고 남을 욕하고
탓하는 말을 할 이유가 없다. 세상은 혼자 사는 게 아니라는
말은 남을 의식하고 배려하라는 의미일 것이다.

누군가를 도울 때
보답을 기대해서는 안 된다

Often in life we forget the things we should remember
and remember the things we should forget.
인생을 살면서 우리는 종종 기억해야 할 것은 잊어버리고,
잊어야 할 것은 기억한다.

|

작자 미상

왜 잊고 싶은 것은 오히려 더 잊히지 않고, 기억하고 싶은 것은
더 쉽게, 더 빨리 잊히는지 안타까워했던 경험이 있을 것이다.
흔히 도움을 준 것은 기억하거나 인사를 받으려 하지 말고, 은
혜를 입었다면 잊지 말고 반드시 갚으라고 말하지만, 실제는
그 반대인 경우가 많다. 흔히 내가 받은 것에 대한 고마움은 잊
기 쉽고, 내가 준 것에 대해 인정받고자 하는 마음은 버리기 힘
들다.

더불어 사는 행복

다
섯,

지혜,
인생을 비추는
햇살

가장 현명한
지혜

The only true wisdom is in knowing you know nothing.
진정한 지혜는 우리가 아무것도 알지 못한다는 것을
아는 데 있다.

|

소크라테스Socrates
고대 그리스의 철학자

옛말에 '선무당이 사람 잡는다'라는 말이 있다. 제대로 알지 못하는 사람이 할 수 있는 실수를 경계하는 말일 것이다. 이에 못지않은 잘못이 내가 아는 것 이상으로 아는 척하거나 모르면서도 아는 척하는 것이다. 이 경우 다른 사람들이 내가 아는 것으로 여기고 그에 따라 행동하고 나를 대하게 된다. 하지만 얼마 못 가서 실체가 드러날 수밖에 없다.

반면에 나 자신을 제대로 알고 나는 아직 아는 게 별로 없다고 생각하는 사람이라면 더욱 노력할 것이고 그만큼 더 발전하기 마련이다. 그러므로 아는 게 없다는 사실을 깨닫는 것이야말로 가장 현명한 지혜인 것이다.

지혜는 배우는 것이 아니라
체득하는 것

Knowledge can be communicated, but not wisdom.
One can find it, live it, be fortified by it, do wonders through it,
but one cannot communicate and teach it.

지식은 소통될 수 있으나, 지혜는 소통될 수 없다.
지혜를 찾아 지혜롭게 살고, 지혜로 정신을 무장하고,
지혜를 통해 기적을 이룰 수도 있으나,
지혜를 가르치고 소통할 수는 없다.

헤르만 헤세Hermann Hesse
독일계 스위스 시인이자 소설가, 화가

지식은 가르치거나 배울 수 있어 교육을 통해 습득할 수 있다.
그러나 지혜는 생각, 언행, 삶의 철학이자 방식이며, 사람의 됨
됨이를 보여주는 것이기 때문에 가르치거나 배움으로써 서로
소통될 수 있는 성질의 것이 아니다. 스스로 몸에 익혀서 자기
것으로 만들어야 한다. 지혜는 분명 말과 글을 통해 가르칠 수
있는 지식보다 훨씬 상위의 가치이다.

지식을 모으는 것보다
지혜를 모으는 것이 더 어렵다

The sadest aspect of life right now is that
science gathers knowledge faster
than society gathers wisdom.

지금 이 순간 우리들 삶의 가장 슬픈 단면은
사회가 지혜를 모으는 것보다
과학이 지식을 더 빨리 모은다는 것이다.

아이작 아시모프 Isaac Asimov
러시아 태생인 미국의 과학소설가

어쩌면 지식은 체계화된, 조직화된 정보라고 할 수 있다. 아니
면 조직화된 정보의 체계라고도 할 수 있을지 모른다. 지식의
습득은 정보의 홍수 속에서 그만큼 더 빨리, 더 쉬워질 수도
있음을 엿볼 수 있다. 그러나 지혜는 지식만으로 되는 것이 아
니다. 지혜는 우리의 일상 생활이 면면히 조직화된, 일종의 생
활화된 삶이라고 한다. 어쩌다 한 번 나온 말과 행동이 그 사
람의 지혜로움으로 둔갑되어서는 안 될 것이다. 지혜는 시간
과 인내를 필요로 하며, 지혜보다는 지식이 속도에서는 앞서
기 쉬운 것이다.

백 번 보기보다
한 번 경험하라

There are three methods to gaining wisdom.
The first is reflection, which is the highest.
The second is imitation, which is the easiest.
The third is experience, which is the bitterest.

지혜를 모으는 데는 3가지 방법이 있다.
첫 번째는 가장 높은 수준인 성찰이고,
두 번째는 가장 쉬운 모방이며, 세 번째는 가장 쓴 경험이다.

공자孔子
유교의 시조인 중국 춘추시대 정치가, 사상가, 교육자

사람들은 '백문이 불여일견'이라고 하여, 백 번 듣기만 하는 것보다 한 번이라도 직접 보는 것이 더 도움이 된다고 하였다. 최근에는 백 번 보기만 하는 것보다는 한 번이라도 직접 경험해 보는 것이 더 좋다고 한다. 그러나 경험에는 시간, 노력, 때로는 인내와 고통도 따르기 마련이다.

개인이 살면서 모든 것을 다 경험할 수는 없기에 다른 사람의 경험에서 배우는 것이 시간과 비용, 노력을 생략할 수 있고, 지혜를 터득하는 가장 쉬운 방법이기도 하다. 그러나 가장 가치 있는 지혜는 스스로 경험하고 깨닫는 성찰을 통해 체득되는 것이다.

현명한 사람이라고
언제나 바른 판단을 하는 것은 아니다

It is unwise to be too sure of one's own wisdom.
It is healthy to be reminded that
the strongest might weaken and the wisest might err.

자신의 지혜를 지나치게 확신하는 것은 현명하지 못하다.
가장 강인한 사람이 약해질 수 있고, 가장 현명한 사람이
실수할 수 있음을 상기하는 것이 건강하다.

마하트마 간디 Mahatma Gandhi
독립을 위해 비폭력 무저항 운동을 펼친 인도의 정신적, 정치적 지도자

자만이 가장 무서운 적이라는 말이 있다. 자신을 믿지 못하는
것도 문제지만 자신을 지나치게 믿는 것은 더 큰 문제일 수 있
다. 자신을 확신하지 못하면 더 조심하고 신중해지지만 과신
하면 경솔하고 과욕을 부리게 되어 실수하거나 남에게 해를
끼칠 수 있다. 자신을 믿되 지나쳐서는 안 된다. 마치 자신의 건
강을 지나치게 자신하는 사람이 잔병치레를 가끔 하는 사람
보다 건강을 크게 해칠 우려가 더 많은 것과 같다. 자주 하는
말이지만 이 또한 지나치면 모자람만 못하다.

행복은 나눌수록,
지혜는 감출수록 빛을 발한다

There is a difference between happiness and wisdom;
he that thinks himself the happiest man is really so;
but he that thinks himself the wisest is generally
the greatest fool.

행복과 지혜에는 차이가 있다. 자신을 가장 행복한 사람이라고
생각하는 사람은 실제로 가장 행복한 사람이지만
자신을 가장 현명하다고 생각하는 사람은 일반적으로
가장 바보이다.

프랜시스 베이컨Francis Bacon
데카르트와 함께 근세철학의 개척자로 알려진 영국의 철학자이자 정치인

현명한 사람은 스스로 현명하다고 하지 않으며, 할 필요도 없
다. 누구나 그 사람이 현명하다는 것을 알기 때문이다. 반면에
스스로 현명하다고 외치는 사람은 실제로는 자신이 현명하지
못하여 남들이 자신을 인정해 주지 않기 때문에 억지로, 과장
되게 자신이 현명하다고 부르짖는 것이다. 그러나 행복은 남보
다 먼저 자기 자신이 느끼는 것이기 때문에 스스로 행복하다
고 생각하는 사람은 진정으로 행복한 사람일 것이다. 지혜는
스스로 판단하는 것이 아니라 남들이 평가하는 것이지만 행
복은 자신의 기준에 달려 있다.

지식은 그것을 실천할 때
비로소 힘이 있다

A little knowledge that acts is worth infinitely
more than much knowledge that is idle.

행동하는 작은 지식이 게으른 많은 지식보다
무한한 가치가 있다.

|

칼릴 지브란Khalil Gibran
레바논계 미국인 예술가이자 작가

구슬이 서 말이라도 꿰어야 보배라는 말이 있다. 더 현실적으
로는 배움과 학문의 목적이 지식의 함양만이 아니라 궁극적
으로는 터득한 지식으로 사회와 인류에 기여하기 위함이라는
것이다.
결국 지식이 아무리 많아도 머릿속에서 잠자는 지식이라 아무
런 가치가 없다. 아무리 더 많은 것을 더 잘 알고 있어도 활용되
지 못한다면 가치가 없는 것이다. 지식을 활용하지 않고 남에
게 가르치지 않는 것은 죄악이라고 한다.

진짜 우정은
가장 어려운 순간에 빛난다

A real friend is one who walks in
when the rest of the world walks out.

진정한 친구란 세상의 모든 사람이 내곁을 떠날 때
나에게 다가오는 사람이다.

|

월터 윈첼Walter Winchell
뉴욕의 언론인이자 방송인

세상에는 여러 부류의 친구가 있다고 한다. 그 가운데 우리는
꼭 필요한 사람, 있어도 그만 없어도 그만인 사람, 없는 것이 더
좋은 사람 등 사람의 가치를 두고 구분하기도 하며, 그 사람의
성향에 따라 듣기 좋은 말만 하는 간신배 같은 친구와 듣기 싫
어도 약이 되는 말만 하는 보약 같은 친구로 나누기도 한다.
하지만 무엇보다도 진정한 친구란 내가 행복할 때 다가오는 친
구가 아니라 가장 어려운 순간에도 나를 찾는 친구가 아닐까.
그래서 흔히 어려운 일을 겪으면 우정의 진위를 가릴 수 있다
고들 하는 것이다.

옳고 그름에 대한
분별을 지녀라

*Wisdom we know is the knowledge of good and evil,
not the strength to choose between the two.*

우리가 알고 있는 지혜는 선과 악의 지식이지
둘 중 하나를 선택하는 힘이 아니다.

|

존 치버 John Cheever
미국의 단편작가이자 소설가

옳고 그름, 선과 악을 구별할 줄 아는 것은 가장 큰 지혜의 하나일 것이다. 단, 옳고 그름을 선택하는 것은 지혜가 아니라 개인적 판단이며, 그것은 언제나 잘못될 수 있다. 따라서 주관이 많이 개입될 수도 있다.

결국 중요한 것은 옳고 그른 것 중 어느 하나를 선택하는 능력이나 힘이 아니라 옳고 그름을 분별할 수 있는 지혜다. 선택에는 용기가 필요하며, 그 용기가 때로는 오만과 실수라는 위험을 동반하기 마련이기에 더욱 지혜로울 필요가 있다.

지혜는 무지의 자각으로부터
시작된다

The doorstep to the temple of wisdom is
a knowledge of our own ignorance.

지혜의 신전으로 가는 첫 계단은
우리 자신의 무지를 아는 것이다.

|

벤자민 프랭클린Benjamin Franklin

미국의 정치가이자 과학자, 저술가로서 건국의 아버지중 한 사람

사람이 지혜로워지기 위해서는 먼저 우리 자신을 아는 것이
중요하다. 세상은 아는 것만큼 보인다고도 하지 않는가. 세상
이 보이지 않거나 제대로 안 보인다면, 혹은 현실과 다르게 보
인다면 어찌 지혜로울 수 있겠는가. 다른 사람을 아는 것은 지
식이지만 자신을 아는 것이야말로 지혜라고 한다. 자신의 무지
를 깨닫는 것이야말로 지혜로워질 수 있는 첫걸음이다.

때와 장소,
상황에 맞게 질문하라

A prudent question is one-half of wisdom
신중한 질문은 절반의 지혜이다.

|

프랜시스 베이컨Francis Bacon
데카르트와 함께 근세철학의 개척자로 알려진 영국의 철학자이자 정치인

알지 못하거나 잘못 알고 있거나 또는 궁금하면서도 아는 척하는 것은 바보스러운 행동이다. 그럼에도 우리는 보통 남에게 묻는 것을 부끄러워하거나 창피해한다. 자신의 무지가 알려질까 봐 그럴 것이다. 하지만 누구나 태어날 때부터 모든 것을 알고 태어나지는 않는다. 후천적 학습의 결과일 따름이다. 그렇다고 성급하거나 해서는 안 될 질문 즉 신중하지 못한 질문은 상대를 해치기도 한다.

세상의 편에 서든 아니든
옳은 일에 관해서는 늘 깨어 있으라

Start with what is right than what is acceptable.
받아들일 수 있는 것보다 옳은 것부터 먼저 시작하라.

프란츠 카프카 Franz Kafka
유대계 체코인으로 법학 박사학위를 가진 소설가

옳고 그름이 사실은 좋고 싫음보다, 또는 수용 가능하고 수용 불가한 것보다 더 중요하고 우선되어야 한다. 다른 사람이 좋아한다고, 쉽게 받아들인다고 다 옳은 것이 아닐 텐데도 사람들이 선호하는 것만 좇는다면 그것은 소위 인기 영합적인 처사에 지나지 않는다. 때로는 설사 쉽게 받아들여지기 어렵더라도 명분이나 이치, 도리나 목적이 옳은 것을 좇아야 한다. 옳지 않은 것임에도 남들이 좋아한다고 무조건 주장하고 행하는 것은 그야말로 옳지 않다.

단 하루도
헛되지 않은 삶을 살려면

Live as if you were to die tomorrow.
Learn as if you were to live forever.

마치 내일 죽을 것처럼 살고, 영원히 살 것처럼 학습하라.

|

마하트마 간디 Mahatma Gandhi
인도독립을 위하여 무저항, 비폭력 운동을 전개한 인도의 정신적, 정치적 지도자

내일 죽을 것처럼 오늘을 산다는 것은 순간순간 후회 없이 최
선을 다한다는 의미일 것이다. 마치 마라톤 선수가 체력을 아
낀다고 최선을 다하지 않아 체력이 아무리 남았어도 이미 마
라톤은 끝났다면 남은 체력은 아무런 소용이 없는 것과 같다.
배움에는 끝이 없다. 현대는 세 살부터 여든까지가 학령인구
라고 하지 않는가. 배움은 곧 살아있음의 징표이다.

거짓된 지식을
경계하라

Beware of false knowledge;
it is more dangerous than ignorance.

거짓된 지식을 조심하라;
거짓 지식은 무지보다 더 위험하다.

조지 버나드 쇼 George Bernard Shaw
노벨 문학상을 수상한 아일랜드의 작가, 비평가

예로부터 "잘못된 지식이 무지보다 더 무섭다"라는 말이 있다.
거짓된 지식이나 짧고 얕은 지식의 위험성을 경고하는 뜻이다.
그럼에도 우리는 살아가면서 너무나도 쉽게 이와 같은 위험을
경험하고 있다. 잘못된 의학 상식이 오히려 우리의 건강을 해
치는 경우가 바로 그것이다.
반대로 지나친 우려는 건강염려증이라는 새로운 질병을 가져
다주기도 한다. 뿐만 아니라 사람을 대할 때도 편견을 가지게
되면 알지 못하는 것보다 더 위험을 감수해야 할 때가 많다.

정의가 뒷받침되지 않는 힘은
폭력일 뿐

What makes Superman a hero is not that he has power,
but that he has the wisdom and the maturity
to use the power wisely.

슈퍼맨이 영웅인 것은 그가 힘이 있어서가 아니라,
그 힘을 현명하게 쓰는 지혜와 성숙함을 가졌기 때문이다.

|

크리스토퍼 리브 Christopher Reeve
영화 '슈퍼맨'에서 슈퍼맨을 연기한 배우

'슈퍼맨'은 세상의 모든 어린이, 심지어 어른들에게도 하나의 영웅으로 깊이 자리 잡고 있다. 그가 영웅인 것은 무엇이든 할 수 있는 능력과 힘을 가져서가 아니라 그가 가진 힘을 현명하게 이용할 줄 아는 성숙함과 지혜로움 때문이다. 영웅이 추앙받는 것은 비범한 힘과 능력을 가져서라기보다 그의 힘과 능력을 약자의 편에서 정의를 위하여 사용하기 때문이라는 것이다. 그렇지 않고 그 엄청난 힘과 능력을 지혜롭지 못하게 쓴다면 그는 악마가 되었을 것이다.

나의 생각과 느낌으로 하루하루를 살 때
진정 살아 있다고 할 수 있다

Science is organized knowledge. Wisdom is organized life.
과학은 조직화된 지식이요, 지혜는 조직화된 삶이다.

임마누엘 칸트 Immanuel Kant
근대계몽주의를 절정에 올리고, 관념철학의 기초를 세운 프로이센의 철학자

흔히들 단편적인 정보는 지식이 아니라고 한다. 마찬가지로 단편적인 지식도 과학의 반열에 올리지는 못한다. 과학은 조직화된 지식의 체계이다. 자기만의 이론, 그 이론을 검증하는 과학적인 연구 방법 등이 전제되어야 한다. 우리의 삶도 이와 마찬가지다. 하루는 제대로 살고, 같은 날인데도 오전과 오후가 다르다면 그러한 삶의 조각만으로 그 사람을 단정할 수는 없다. 일관된 삶의 모습 즉 조직화된 삶의 행태에서 지혜로움을 발견하는 것이다.

만 번의 생각보다
한 번의 행동

The smallest deed is better than the greatest intention.
가장 작은 행동이라도 가장 위대한 의도보다 더 낫다.

|

존 버로스 John Burroughs
미국의 자연주의자이며 작가

"행동하지 않는 양심은 양심이 아니다"라고 한다. 아무리 훌륭한 양심이라도 그것을 행동으로 옮기지 않는다면 양심의 가치는 없어지게 된다. 행동하지 않는 양심적인 생각이나 의도는 아무리 그 의도가 훌륭해도 우리 인류와 사회에 아무런 기여와 공헌을 하지 못하기 때문에 비록 작은 것이라도 인류와 사회에 기여할 수 있는 행동으로 실현된 양심만이 가치 있다고 할 수 있을 것이다.

나는 무엇을 위해
배우는가

Data is not information, information is not knowledge,
knowledge is not understanding,
understanding is not wisdom.

자료는 정보가 아니고, 정보는 지식이 아니다.
또한 지식은 이해가 아니고, 이해는 지혜가 아니다.

|

클리포드 스톨 Clifford Stoll
미국의 천문학자이자 작가, 교사

살아가면서 우리 모두는 많은 자료를 모으고 이용해서 정보
로 가공하고, 그 정보를 활용하여 지식을 창출한다. 하지만 지
식이 많다고 모든 것을 다 아는 것도, 모든 것을 이해하는 것도
아니다. 마치 답은 아는데 왜, 어떻게 그 답이 맞는지는 잘 모
를 수도 있다. 나아가 이해할 수 있는 단계에 이르렀어도 그것
이 조직화, 체계화, 습관화되지 않아서 일회성으로 그친다면
결코 지혜로까지 승화했다고는 말할 수 없을 것이다. 우리가
자료, 정보, 지식을 쌓고 이해하려고 노력하는 모든 것이 다 지
혜롭기 위한 몸부림이다.

자전거를 타듯 결국은
혼자 체득해야만 하는 것

We don't receive wisdom; we must discover it for ourselves
after a journey that no one can take for us or spare us.

우리가 지혜를 받는 것이 아니다.
지혜는 누구도 데려가지 않거나 자비를 베풀지 않는 여정을 통해
스스로 발견해야만 하는 것이다.

마르셀 프루스트 Marcel Proust
「잃어버린 시간을 찾아서」, 「소돔과 고모라」 등의 작품을 남긴 프랑스의 소설가

누군가가 말한 것처럼 지식은 가르치고 배우고 소통될 수 있지만 지혜는 가르칠 수도 없고 그래서 소통될 수 있는 것이 아니라고 한다. 결국 지혜는 경험을 통하여 자기의 습관으로 생활화해야 한다는 것이다. 흔히 인생은 모든 것이 실험이라고 한다. 삶의 실험을 통해서 해야 할 것과 해서는 안 될 것을 익히고 그것을 조직화, 습관화, 생활화하는 것이다.
지식을 배우는 데는 누군가의 가르침을 따를 수도 있지만 지혜를 발견하고 얻기 위해서는 마치 페달을 밟지 않으면 쓰러지는 자전거처럼 스스로 터득해야 하는 것이다.

지식을 빌릴 수는 있어도 지혜는 빌릴 수 없다

We can be knowledgeable with other men's knowledge
but we can not be wise with other men's wisdom.

우리가 다른 사람의 지식으로 박식해질 수는 있으나
다른 사람의 지혜로 현명해질 수는 없다.

미셸 몽테뉴Michel de Montaigne

『수상록』을 저술한 프랑스의 철학자이자 사상가, 수필가

지식이 많은 것과 현명함에는 큰 차이가 있다. 지식은 다른 사람으로부터 배우고 익히고 또 스스로 학습하여 그 양과 깊이를 넓히고 깊게 할 수 있다. 그러나 예로부터 지식은 많으나 현명하지 않은 사람의 경우를 많이 목격해왔다.

앞에서도 설명한 지혜처럼 현명함 또한 누구한테 배워서 습득되기보다는 스스로의 경험을 통하여 익혀야 하는 것이라고 할 수 있다. 아무리 지혜로운 사람이라고 해도 그 사람의 지혜가 나를 현명하게 만드는 것은 아니다. 하지만 나의 지혜가 나를 현명하게 성장시키는 데는 도움이 될지 모를 일이다.

지혜를 얻기에
너무 늦은 때란 없다

The doors of wisdom are never shut.
지혜의 문은 결코 닫히지 않는다.

벤자민 프랭클린 Benjamin Franklin
미국 독립에 중추적 역할을 한 계몽 사상가이면서 미국 건국의 아버지 중 한 사람

지혜는 평생을 두고 찾아서 쌓아나가는 것이다. 지혜를 쌓는 데는 그 한계가 없다. 누구나 언제라도 지혜를 배우고 익히며 축적할 수 있다. 인간의 지능이나 지식에는 한계가 있을 수 있으나 지혜는 그렇지 않다. 한편으로 사람은 나이가 들어감에 따라 대부분 점점 또는 조금씩 더 지혜로워진다고 한다. 우리의 육체적 성장은 성장판이 닫히면서 끝나지만 지혜는 평생을 두고 쌓아가야 할 일이다.

지혜는 경청을 통해 생기고
후회는 말을 통해 생긴다

Wisdom is the reward you get for a lifetime of listening
when you would have preferred to talk.

지혜란 이야기하고 싶을 때 경청하는 삶에 대한 보상이다.

|

더그 라슨 Doug Larson

신문 칼럼니스트이자 편집인

불교에서는 '구업'이라는 말을 자주한다. 입으로 짓는 업보라는 말이다. 즉 말로 인한 고통이다. 비단 종교에서만 이런 경고를 하는 것은 아니다. '발 없는 말이 천 리를 간다', '말이 씨가 된다' 등 말조심, 입조심을 경계하는 격언들도 많다. 그러나 듣는 것은 상대를 배려하고 이해하려는 마음에서 시작한다. 아마 그래서 말하는 입은 하나이고, 듣는 귀는 둘인지 모른다. 조물주께서 말하기보다 듣기가 중요함을 표현한 결과인가 보다. 적게 말하고 2배 많이 들으라는 깊은 뜻이 숨어 있는 혜안이다.

진실이 모습을
드러내는 순간

The truth is not for all men, but only for those who seek it.
진실은 모든 사람을 위한 것이 아니라,
오로지 진실을 구하는 사람들만을 위한 것이다.

|

아인 랜드 Ayn Rand
유대인으로 러시아계 미국인 극작가, 소설가

진실은 진실한 사람만이 볼 수 있다. 진실하지 못한 사람에게
는 진실이 거짓으로 보이고, 거짓이 진실로 둔갑할 수도 있다.
그 옛날 무학대사가 태조 이성계에게 일갈했던 말처럼 '개 눈
에는 똥만 보이고, 돼지에게는 돼지만 보이며, 부처 눈에는 부
처가 보이는 법'이다. 거짓된 사람에게는 진실마저 거짓으로
보일 것이지만, 진실된 사람, 진실을 추구하는 사람에게는 진
실이 보이는 법이다.

시야의 한계를 세계의 한계로
단정 짓지 않도록 하라

The art of being wise is the art of knowing what to look.
현명해지는 기술은 무엇을 바라볼 것인가를 아는 기술이다.

윌리엄 제임스 William James
실용주의 철학을 확립한 미국의 철학자이자 심리학자

현명한 사람은 바라보아야 할 것과 바라보아서는 안 될 것을
분간할 수 있는 분별력이 있어야 한다. 또한 시야가 넓고 맑고
정직해야 한다. 더불어 사물과 사실을 있는 그대로 보는 것도
중요하지만 그보다 더 중요한 것은 보지 말아야 할 것과 보아
야 할 것을 분별하는 능력이다. 이는 삶의 경험을 통하여 체득
하는 것이지 지식이나 기술처럼 가르치고 배워서 전수되는 것
이 아니다.

언제나 진리의 편에 서라,
그곳에 당신의 적이 있더라도

The man of knowledge must be able not only to love
his enemies but also to hate his friends.

지식이 있는 사람이라면 자신의 적을 사랑할 뿐만 아니라
친구를 미워할 수도 있어야만 한다.

|

프리드리히 니체 Friedrich Nietzsche
쇼펜하우어로부터 깊은 영향을 받은 19세기 독일의 철학자이자 시인, 음악가

지적인 사람 또는 지식의 양과 깊이가 충분한 사람이라면 당
연히 거짓과 진실, 옳고 그름, 가식과 진정에 대한 분별력이 있
기 마련이다. 그런데 이는 자신감의 문제이며, 더불어 판단력
의 문제이기도 하다. 자신감이 충만한 사람이라면 적까지도
포용할 수 있는 여유와 자신이 있을 것이고, 반대로 아첨하거
나 듣기 좋은 말만 하는 친구마저도 미워할 수 있는 용기와 분
별력을 갖추었을 것이다. 그렇지만 지식이 충만한 사람이 적이
라고 무조건 배척하고, 친구라고 비판 없이 편만 든다면 옹졸
한 사람과 다를 바 없으며, 오히려 더 위험할 수 있다.

시간을 선택하는 것이
시간을 아끼는 것이다

Time is what we want most, but what we use worst.

우리가 가장 원하는 것이 시간이지만,
가장 잘못 활용하는 것도 시간이다.

|

윌리엄 펜William Penn
영국 식민지였던 미국에 필라델피아를 건설하여 펜실베이니아주를 정비한 인물

흔히들 '시간이 돈이다', '시간을 황금같이 보라'라는 말로 시간의 중요성을 강조한다. 뿐만 아니라 흘러간 시간에 대해서 늘 아쉬워하며 '시간이 조금만 더 있었으면…', '몇 년만 더 젊었으면…', '다시 옛날로 돌아갈 수 있다면…' 등의 후회도 자주 한다. 이처럼 우리 모두가 더 많은 시간을 간절하게 원하면서도 진작 주어진 시간마저 제대로 관리하고 활용하지 못하는 것 또한 사실이다. 그래서 한때 '시테크時·Tech'라는 말이 유행한 적도 있지 않은가. 그만큼 시간은 중요하고, 그 중요한 것을 잘 활용하라는 경구일 것이다.

아무것도 모르는 사람은
아무것도 의심하지 않는다

The greater our knowledge increases,
the more our ignorance unfolds.

지식이 증가하면 할수록 무지 또한 그만큼 더 많이 드러난다.

|

존 F. 케네디 John F. Kennedy
미국의 35번째 대통령

흔히들 농담 삼아 말하기를 '무식한 사람이 용감하다'거나 더
무서운 말로 '선무당이 사람 잡는다' 또는 '잘못된 지식이 무
지보다 더 무섭다'라고 섣부른 지식이나 얕은 지식의 위험성에
대해 경계해왔다. 그래서 학자들이 종종 '벼는 익을수록 고개
를 숙인다'라고 겸손함을 강조하고, '공부는 하면 할수록 어
렵다'거나 '배우면 배울수록 모르는 것이 더 많아진다'라고
배움에는 끝이 없음을 표현했다. 정말 아는 것만큼 모르는 것,
궁금한 것도 많아지는 것이 배움이다.

사건 자체보다
어떻게 처리하느냐가 관건

What happens is not as important as
how you react to what happens.

무슨 일이 일어나는가는
일어나는 일에 어떻게 반응하는가보다 중요하지 않다.

|

타데우스 골라스 Thaddeus Golas
미국의 저술가

살다 보면 별의별 일이 다 일어날 수 있으며, 내 의지와는 아무런 관계도 없이 벌어지는 일들에 대해서 내가 통제할 수 있는 것은 아무것도 없다. 물론 나쁜 일보다 좋은 일만 일어나기를 바라겠지만 그 또한 희망사항에 지나지 않는다.

문제는 좋은 일이 일어났을 때는 물론이고 좋지 않은 일, 어려운 일이 일어났을 때 우리가 어떻게 반응하고 처리하는가에 따라 결과는 전혀 달라질 수 있는 것이다. 일어나는 일이 무엇인가보다 일어난 일에 어떻게 대응하는가가 더 중요하다.

현명해지려면 우선
겸손을 배워야 한다

The fool doth think he is wise,
but the wise man knows himself to be a fool.
어리석은 사람은 자기가 현명하다고 생각하지만,
현명한 사람은 자기가 어리석다는 것을 안다.

|

윌리엄 셰익스피어William Shakespeare
영국의 위대한 극작가이자 시인

지혜로운 사람은 겸손할 줄 알고, 지식을 자랑하지 않는다. 그
는 자기가 아는 지식들이 얼마나 부족한가를 느끼기 때문이
다. 내가 나를 제대로 알지 못하는데 심오한 인생의 진리를 어
떻게 다 알 수 있으며, 나뿐만이 아닌 세상과 세상의 사람들에
대해서는 어떻게 알며, 세상에서 벌어지는 크고 작은 일들을
어떻게 알겠는가. 이런 나를 깨닫는 것이야말로 참된 지혜일
것이다.

진리를 따라 살기 위해 필요한 것

The only good is knowledge and the only evil is ignorance.
유일한 선은 지식이고, 유일한 악은 무지이다.

|

소크라테스Socrates
예수, 석가, 공자와 함께 세계 4대 성인으로 불리는 고대 그리스의 철학자

우리는 흔히 '아는 것이 힘이다'라고 한다. 지식이 곧 능력이고 힘이라는 뜻이다. 무엇이든 아는 만큼 보이고 보이는 만큼 무언가 할 수도 있는 것이다. 무식한 사람이 용감하다고 하지만 몰라서 못 하고, 미숙해서 실수하는 등 자신과 사회에 기여하기는커녕 해를 끼칠 수도 있다.

지식이 풍부한 사람이라면 선과 악을 구별할 줄 알 것이고, 선은 행하되 악은 행하지 않게 될 것이다. 무지가 왜 악인가? 나쁜 짓을 하면서도 그것이 왜 나쁜지 모르면 계속해서 죄를 짓게 된다. 지식은 단순히 선악을 분별하는 것이 아니라 올바른 앎, 즉 진리를 탐구하고 진리를 따라 살아가기 위해 쌓는 것이다.

세상을 바꾸는 것은 사람이고, 사람을 바꾸는 것은 교육이다

There are obviously two educations.
One should teach us how to make a living.
The other should teach us how to live.

세상에는 분명히 두 가지 교육이 있다.
하나는 생존의 방법을 가르치는 것이고,
다른 하나는 삶의 방식을 가르치는 것이다.

제임스 트러슬로 애덤스 James Truslow Adams
퓰리처상을 수상한 미국의 작가이자 역사학자

단순히 먹고사는 것과 어떻게 사는가는 분명히 다르다. 생명을 부지하기 위한 생존법은 먹고사는 문제의 해결을 위한 교육이고, 이는 곧 직업이나 돈벌이와 관련된 것이다. 반면, 삶의 방식을 가르치는 교육은 해야 할 일과 해서는 안 될 일을 가르치거나, 반드시 해야 하는 것이 무엇이며, 그것을 어떻게 해야 하는가를 가르치는 것이다. 생존법을 가르치는 교육이 삶의 질과 관련이 있다면, 삶의 방식을 가르치는 교육은 삶의 가치와 관련이 있는 것이다. 가치 있는 삶을 가르치고 배우는 교육이 더 중요하지 않을까.

아름다움은 그것을 보는 사람의
눈 속에 있다

You can complain because roses have thorns,
or you can rejoice because thorns have roses.

장미에는 가시가 있다고 불평할 수도 있지만,
가시에 장미가 있다고 기뻐할 수도 있다.

|

지기|Ziggy
에미상을 수상한 미국의 시사만평 시리즈

낙천적인 사람과 비관적인 사람, 긍정적인 사람과 부정적인 사람을 비교할 때 흔히 물병에 반 쯤 남은 물을 보고 누구는 '물이 반밖에 없잖아'라고 불평하는 반면에 누구는 '물이 반이나 남았잖아'라고 기뻐한다는 비유를 들어본 적이 있을 것이다. 가시 달린 장미를 보고도 누구는 가시가 먼저 보이고, 누구는 장미꽃이 먼저 보이는 것이다.

이렇듯 우리는 같은 현상을 놓고도 정반대로 생각할 수 있다. 그래도 줄기에 붙은 가시보다 꽃이 더 먼저 보이고, 그래서 가시를 불평하기보다는 장미를 즐기는 편이 낫지 않을까.

훌륭한 교육이야말로
자녀에게 주는 가장 큰 유산이다

If you plan for one year, plant rice.
If you plan for ten years, plant trees.
If you plan for 100 years, educate mankind.

1년을 계획한다면 벼를 심고, 10년을 계획한다면 나무를 심으며,
100년을 계획한다면 인류를 교육시켜라.

|

중국 속담

미래를 준비하고 만일의 사태에 대비하는 것의 중요성을 강조
하는 말은 많다. '내일 지구가 멸망한다고 해도 한 그루의 사
과나무를 심겠다'라는 말도 아마 이에 해당되는 격언일 것이
다. 1년 뒤, 3년 뒤, 5년 뒤 미래에 대한 계획이 달라야 하듯, 교
육에도 단계적으로 계획을 세워야 한다.

벼는 일 년의 결실을, 나무는 수십 년의 결실을 거두는 것이지
만, 교육은 국가의 백년대계를 세우는 일이다. 훌륭한 교육은
최고의 유산이니 자식을 진정으로 사랑한다면 큰돈을 물려
주기보다 제대로 된 교육법을 물려주는 것이 낫다.

훌륭한 삶의 조건은
사랑과 지식이 어우러지는 것

The good life is one inspired by love and guided by knowledge.
훌륭한 삶이란 사랑이 영감을 주고, 지식이 안내하는 삶이다.

버트런드 러셀Bertrand Russell
노벨문학상을 수상한 20세기 영국의 천재 지성인

삶의 핵심 가치가 바로 사랑과 지식이라는 말이다. 사랑이 없
는 삶이란 상상조차 하고 싶지 않은 너무나 팍팍한 삶일 것이
다. 그 사랑이 연인끼리의 연정이건, 친구 간의 우정이건, 아니
면 부모와 자식 간의 부정이나 모정이건 사랑이 없는 삶이란
너무나 기계적인 것이다. 하지만 사랑만 충만하다고 해서 훌
륭한 삶이라 말할 수 있는 건 아니다. 사랑이 넘쳐도 지식이 모
자라면 우리의 삶은 힘들어진다. 지식으로 충만한 삶이라면
곧 현명한 삶으로 인도할 수 있기 때문이다.

생각이 좁으면
세상도 좁아 보인다

What we think determines what happens to us,
so if we want to change our lives,
we need to stretch our minds.

우리가 생각하는 바에 따라 우리에게 일어나는 일이 결정된다.
그러므로 우리가 삶을 바꾸고자 한다면
우리의 마음을 먼저 바꿔야 한다.

|

웨인 다이어Wayne Dyer
미국의 동기부여 연설가이자 작가

모든 것이 마음 먹기에 달렸다고 하지 않는가. 세상을 변화시
키기 전에 우선 자신부터 변해야 한다. 그 변화의 선봉에는 바
로 사고의 전환이 자리하고 있다. 생각이 바뀌지 않고는 아무
것도 이룰 수도 없고 바꿀 수도 없다. 반대로 마음만 먹으면 안
될 일이 없다. 생각의 변화는 어쩌면 넓게 생각하는 데서 시작
한다. 옹졸한 생각이나 틀에 박힌 생각으로는 아무것도 이룰
수 없다. 상대와 사물을 이해하는 포용의 마음 자세가 전제되
어야 생각의 변화도 추구할 수 있는 것이다.

나아갈 때와 물러설 때를
구분할 줄 알아야 한다

There comes a time when you have to choose
between turning the page and closing the book.
책갈피를 넘기거나 책을 덮어버리거나
선택을 해야 하는 때가 오게 된다.

|

조시 제임슨Josh Jameson
『애국자의 줄거리』의 작가

살다 보면 앞으로 나갈 것인가 아니면 후퇴하거나 중단할 것인가를 선택해야 하는 경우가 생긴다. 물론 윗물은 아랫물을 따라잡을 수 없고, 아랫물은 윗물을 앞지를 수 없지만 인생의 모든 경우 앞으로만 나아갈 수 있는 것은 아니다. 때로는 이보 전진을 위한 일보 후퇴가 필요하다. 쉽게 포기하는 것은 좋지 않지만 그렇다고 불가능을 고집하는 것 또한 낭비에 불과하다.

가장 중요한 것은
눈에 보이지 않는다

The best things in life are unseen,
that's why we close our eyes when we kiss, cry, and dream.

인생에서 가장 좋은 것들은 눈에 보이지 않는다.
그것이 바로 우리가 키스를 하고, 울고, 꿈을 꿀 때
눈을 감는 이유이다.

작자 미상

흔히들 나이가 들면 눈이 나빠지는 이유가 나이가 들수록 되도록 적게 보라는 하늘의 뜻이라고 한다. 아마 세상에는 좋은 것보다 나쁜 것이 더 많이 보이기 때문이리라. 너그러워야 할 나이에 나쁜 것들을 많이 보는 것은 좋은 일이 아닐 것이다.
가장 아름다운 것은 우리 눈에 보이는 현실일 때도 있지만 대부분은 상상, 꿈속의 것들인 경우가 많다. 눈에 보이는 것만이 전부가 아니라는 사실을 일러주고자 하는 것이다.

진심 어린 충고는 귀에 거슬릴지언정
행동에는 이롭다

If you have no critics, you will likely have no success.
우리 주변에 비판하는 사람이 아무도 없다면,
성공하기 힘들 것이다.

|

말콤 엑스Malcolm X
미국 흑인 운동과 이슬람 운동을 이끈 행동주의 무슬림 지도자

우리 주변에 자신을 비판하는 사람이 아무도 없다는 것은 곧
주변에 온통 아첨꾼들만 남았다는 뜻이기도 하다. 아첨하는
사람만 주변에 있으면 들어야 할 소리는 듣지 못하고 듣기 좋
은 소리, 듣고 싶은 소리만 듣게 되어 점점 퇴보하게 된다.
옳은 소리, 바른 소리, 듣기 싫은 소리도 할 줄 아는 사람, 남들
이 다 "예"라고 할 때 "아니요"라고 할 수 있는 사람이 진정으
로 필요한 사람이다. 그래야 발전이 있기 때문이다.

교육의 궁극적인 목적은
앎이 아니라 삶

Education is not preparation for life. Education is life itself.
교육은 삶을 위한 준비가 아니라, 삶 그 자체이다.

|

존 듀이 John Dewey
미국의 기능심리학자, 교육가이자 철학자

교육은 그 자체가 목적이지 무엇을 위한, 무엇이 되기 위한 수단이 돼서는 안 된다. 이와 궤를 같이 하는 말로 이제는 더 이상 학령기, 즉 배우는 적정 연령이나 기간이 따로 없다고도 한다. 그래서 우리는 평생 교육의 필요성을 외치기도 한다.

교육이 삶 자체가 되어 삶이 곧 교육이요, 교육이 곧 삶이 되어야 진정한 교육이 가능해진다. 목적을 위한 수단은 그 순수성이 의심받기 쉽다. 시험에 합격하기 위해서 주고받는 교육은 교육이라기보다 공부이자 일이다. 특별한 목적이나 강제가 없어도 받게 되는 것이 진정한 교육이다.

진정한 지식인이란
세상의 고통을 끌어안는 사람

Sorrow is knowledge, those that
know the most must mourn the deepest,
the tree of knowledge is not the tree of life.

지식은 고뇌여서 가장 많이 아는 사람이 가장 깊이 슬퍼하며
지식의 나무는 인생의 나무가 아니다.

|

로드 바이런Lord Byron
낭만주의 문학을 선도했던 영국의 남작이자 시인

옛말에 '아는 게 병이다'라는 말이 있다. 물론 반대로 '아는 게 약이다'라는 말도 한다. 그러면서도 때로는 '무식한 사람이 용감하다'라고도 한다. 아마도 지식이 쌓일수록 생각이 많아지고, 생각이 많아질수록 고민도 많아지기 마련이기 때문일 것이다. 배우면 배울수록, 알면 알수록 배울 것이 더 많아지고, 모르는 것이 더 많아지기 때문에 많이 알수록 슬픔도 많아지고 깊어진다고 할 것이다.

과거의 내가
잊고 살았던 것

We are made wise not by the recollection of our past,
but by the responsibility for our future.
우리는 과거에 대한 회상이 아닌 미래에 대한 책임감 때문에
현명해진다.

|

조지 버나드 쇼 George Bernard Shaw
노벨 문학상을 수상한 아일랜드의 작가이자 비평가

살아가면서 때로는 과거의 부귀와 영화에 젖기도 한다. 인생의
정점에서 잘나가던 때는 지나간 추억에 지나지 않는다. 추억에
매달리는 삶은 자신을 더욱 서글프게 한다. 화려했던 과거를
그리워하기보다 그때의 쾌락에 도취되어 소중한 것을 잊고 산
건 아닌지 돌아보아야 한다.

과거를 반성함으로써 미래를 보다 현명하게 계획하고 실천할
수 있다. 과거의 실수를 발판으로 더 나은 미래를 살아야 할 책
임감으로, 우리는 어제보다 더 현명해질 수 있는 것이다.

순간의 행복을 취할 것인가,
나중의 행복을 누릴 것인가

It is the nature of the wise to resist pleasures;
but the foolish to be a slave to them.

쾌락에 저항하는 것이 현명한 사람의 본성이지만,
바보들은 쾌락의 노예가 된다.

|

에픽테토스 Epictetus
노예 출신으로 그리스 스토아학파의 대표적 철학자

세상에서 가장 위험한 사람이 쾌락의 노예가 되어 미래를 보지 않고 그날 벌어 그날 탕진하는 사람이라고들 한다. 현명한 사람이라면 더 큰 쾌락과 만족을 위해 오늘의 쾌락과 만족을 연기延期할 줄 알지만 지혜가 부족한 사람은 오히려 그 쾌락을 좇아간다.

물론 인간은 쾌락을 극대화하고 고통을 최소화하려는 본성을 가지고 있지만, 그래서 쾌락의 노예가 되느냐 저항하느냐가 그 사람이 현명한 사람인지 모자란 사람인지를 평가하는 기준이 되는 것이다.

인내와 끈기는
재능을 넘어선다

Discipline is the bridge between goals and achievements.
훈육이란 목표와 성취를 이어 주는 다리이다.

|

짐론Jim Rohn
미국의 사업가, 대중 연설가이자 작가

대체로 훈육이란 훈련과 교육이라고 할 수 있다. 물론 일반적
으로 훈육을 가정 교육이나 군대 용어로 빈번하게 사용하고
는 있지만 사실은 우리들 삶 전체에 적용될 수 있는 중요한 가
치이다.

어떠한 목표를 달성하기 위해서는 그 목표에 도달하기 위한
기술, 지식, 기능 등도 필요하지만 기술과 지식만 있다고 모든
일을 항상 다 잘해낼 수는 없다. 때로는 용기, 끈기, 인내를 필
요로 할 때가 있다. 이러한 능력이나 자질, 속성은 교육보다는
반복된 훈련을 통해서 습득되고 몸에 배게 된다. 그런 점에서
훈육은 목표의 성취로 이끌어 주는 다리인 것이다.

엄격함과 유연함의
균형을 추구하라

The art of being wise is the art of knowing what to overlook.

현명함의 기술은 곧 무엇을 너그럽게 봐줄 것인가를
아는 기술이다.

|

윌리엄 제임스 William James

실용주의 철학의 확립자로 알려진 미국의 철학자이자 심리학자

사람이 현명하다는 것은 언제, 어디서, 무엇을, 어떻게 할 것인
가를 아는 것이라고 할 수 있다. 현명한 사람은 해서는 안 될
일은 하지 않고, 꼭 해야 할 일은 잘하는 사람이다. 현명하지
못한 사람은 해서는 안 될 일을 하고, 꼭 해야 할 일도 잘하지
못한다. 무엇에 엄격하고 무엇에 너그러워야 하는가를 아는
것이 곧 지혜로워지는 길이다.

DODO
INSPIRING
MOMENTS

하루 한 줄,
행복에 물들다

초판 1쇄 인쇄 2016년 12월 5일
초판 1쇄 발행 2016년 12월 21일

—

지은이 이윤호

—

발행인 이웅현
발행처 (주)도서출판 도도

—

전무 최명희
편집 · 교정 김정주, 박주희
디자인 김진희
홍보 · 마케팅 이인택

—

출판등록 제 300-2012-212호
주소 서울 중구 충무로 29 아시아미디어타워 503호
전자우편 dodo7788@hanmail.net
내용 및 판매문의 02-739-7656~9

—

ISBN 979-11-85330-38-9 03190
정가 15,000 원

이 도서의 국립중앙도서관 출판예정도서목록(CIP)은 서지정보유통지원시스템 홈페이지
(http://seoji.nl.go.kr)와 국가자료공동목록시스템(http://www.nl.go.kr/kolisnet)에서
이용하실 수 있습니다. (CIP제어번호 : CIP 2016029435)